中國詩 300首

中國歷代詩選

許世旭 편주

신아사

序 言

詩가 中國文學史에서 차지하는 지위는 몹시 卓越하다. 時序로 볼 때는 源流요, 勢로 볼 때는 主流, 質로 볼 때는 精華요, 量으로 볼 때도 역시 山海를 방불케 한다. 따라서 많은 學人들이 詩選作業에 나섰지만, 한 時代에 偏重하거나 選者의 嗜好에 기운 예도 없지 않았었다.

「三百」이란 數理는 中國詩史를 통해 자못 깊은 緣起를 지니게 되었다. 詩經 3백 5편을 言必稱「詩三百」하는가 하면, 淸의 蘅塘退士는 2천 3백여 詩人의 4만 9천수를 기록한 全唐詩 가운데 역시「唐詩 三百」을 뽑아 後人들을 膾炙케 했다.

筆者는 大學에서 中國古典詩를 읽는 文學徒나 中國文學을 愛好하는 江湖諸賢들에게 그 白眉만을 뽑아「中國詩 三百」을 엮기에 이르렀으니, 이 속엔 先秦·秦漢·魏晋·南北朝·唐·宋·金元·明淸 등 八個時代를 망라했고, 記名된 詩人만도 102명이 被選되었다.

이 속에 收錄된 詩는 樂府詩와 古體詩, 絶律의 今體詩 등이 골고루 안배되었고, 詩人의 重要度에 따라 篇數를 조정하였다. 다만 될 수록 長詩를 뺀 것은 學習과 愛誦에 不適했기 때문이다.

그리고, 本詩選은 丁嬰編의「中國歷代詩選」을 비롯하여 戴君仁編의「詩選」과「宋詩選」(華岡出版部)·「中國韻文選粹」(幼獅文化)·蘅塘退士編의「唐詩 三百」·沈德潛編의「明詩別裁」「청시별재」등을 참고하였다.

끝으로 本詩選이 中國文學徒의 親熟한 벗이 되길 바란다.

1983년 5월
編註者 許世旭 謹識

目 次

序 言 ……………………………… 3

先秦詩

〈詩經〉

關雎(周南) ………………………… 13
小星(召南) ………………………… 14
君子于役(王風) …………………… 15
蒹葭(秦風) ………………………… 16
伐檀(魏風) ………………………… 17
何草不黃(小雅) …………………… 18
采葛(王風) ………………………… 19

秦·漢詩

與蘇武二首 ……………… 李 陵… 23
古詩 ……………………… 蘇 武… 24
秋風辭 …………………… 劉 徹… 25
悲憤詩 …………………… 蔡 琰… 26
上 邪 …………………… 無名氏… 29
有所思 …………………… 無名氏… 30
陌上桑 …………………… 無名氏… 31
行行重行行 ……………… 無名氏… 33
靑靑河畔草 ……………… 無名氏… 34
明月何皎皎 ……………… 無名氏… 35
迢迢牽牛星 ……………… 無名氏… 36
十五從軍征 ……………… 無名氏… 37

魏·晉詩

孤兒行 …………………… 無名氏… 41
東門行 …………………… 無名氏… 43
婦病行 …………………… 無名氏… 44
短歌行 …………………… 曹 操… 45
苦寒行 …………………… 曹 操… 46
雜詩二首 ………………… 曹 丕… 47
燕歌行 …………………… 曹 丕… 48
箜篌引 …………………… 曹 植… 49
七哀 ……………………… 曹 植… 50
美女篇 …………………… 曹 植… 51
猛虎行 …………………… 陸 機… 52
贈弟士龍 ………………… 陸 機… 52
遊俠篇 …………………… 張 華… 53
情詩 ……………………… 張 華… 53
飮馬長城窟行 …………… 陳 琳… 54
遊覽 ……………………… 陳 琳… 55
詠懷 ……………………… 阮 籍… 56
采薪者歌 ………………… 阮 籍… 57
西長安行 ………………… 傅 玄… 58
車遙遙篇 ………………… 傅 玄… 58
招隱 ……………………… 左 思… 59
詠史詩 …………………… 左 思… 60
悼亡詩 …………………… 潘 岳… 62
思子詩 …………………… 潘 岳… 63
歸田園居 ………………… 陶淵明… 64
飮酒 ……………………… 陶淵明… 65
讀山海經 ………………… 陶淵明… 66
擬古 ……………………… 陶淵明… 66
諸人共游周家墓柏下 …… 陶淵明… 67
雜詩 ……………………… 陶淵明… 67

南·北朝詩

〈宋詩〉

代東門行 …………………鮑 照… 71
發後渚 ……………………鮑 照… 72
七里瀨 ……………………謝靈運… 73
登江中孤嶼 ………………謝靈運… 74
石壁精舍還湖中作 ………謝靈運… 74
夜宿石門詩 ………………謝靈運… 75
過始寧墅 …………………謝靈運… 76
晩出西射堂 ………………謝靈運… 77
阮步兵(五君詠) …………顏延之… 78
稽中散(〃) …………顏延之… 79

〈齊詩〉

落日悵望 …………………謝 朓… 80
游東田 ……………………謝 朓… 81
玉階怨 ……………………謝 朓… 81

〈梁詩〉

新安江至淸淺深見底貽京邑同好
……………………………沈 約… 82
別范安成 …………………沈 約… 83
古離別 ……………………江 淹… 84
赤亭渚 ……………………江 淹… 84
酬范記室雲 ………………何 遜… 85
相送 ………………………何 遜… 85
詔問山中何所有賦詩以答·陶弘景… 86
和約法師臨友人 …………陶弘景… 86

〈陳詩〉

渡靑草湖 …………………陰 鏗… 87
晩出新亭 …………………陰 鏗… 88

〈北朝詩〉

木蘭詩 ……………………無名氏… 89

唐 詩

雜詩 ………………………沈佺期… 93
古意 ………………………沈佺期… 93
回鄕偶書 …………………賀知章… 94
詠柳 ………………………賀知章… 94
晩次樂鄕縣 ………………陳子昂… 95
登幽州臺歌 ………………陳子昂… 95
過故人莊 …………………孟浩然… 96
春曉 ………………………孟浩然… 96
歲暮歸南山 ………………孟浩然… 97
宿建德江 …………………孟浩然… 97
涼州詞 ……………………王之渙… 98
登鸛雀樓 …………………王之渙… 98
閨怨 ………………………王昌齡… 99
出塞 ………………………王昌齡… 99
輞川閑居贈裴秀才迪 ……王 維…100
竹里館 ……………………王 維…100
雜詩 ………………………王 維…100
渭州田家 …………………王 維…101
觀 獵 ……………………王 維…101
終南山 ……………………王 維…102
九月九日憶山東兄弟 ……王 維…102
相思 ………………………王 維…102
蜀道難 ……………………李 白…103
烏夜啼 ……………………李 白…104
戰城南 ……………………李 白…105
將進酒 ……………………李 白…105
關山月 ……………………李 白…106
獨不見 ……………………李 白…106
靜夜思 ……………………李 白…107
子夜吳歌 …………………李 白…107
把酒問月 …………………李 白…108
宣城見杜鵑花 ……………李 白…108
除夜 ………………………高 適…109
燕歌行 ……………………高 適…109
長干行二首 ………………崔 顥…111
黃鶴樓 ……………………崔 顥…112
兵車行 ……………………杜 甫…113
月夜 ………………………杜 甫…114
春望 ………………………杜 甫…114

述懷 …………………………杜 甫…115
潼關吏 ………………………杜 甫…116
石壕吏 ………………………杜 甫…117
新婚別 ………………………杜 甫…118
茅屋爲秋風所破歌 …………杜 甫…119
聞官軍收復河南河北 ………杜 甫…120
登高 …………………………杜 甫…120
走馬川行奉送封大夫出師西征
…………………………岑 參…121
九月思長安故園 ……………岑 參…122
楓橋夜泊 ……………………張 繼…123
宿白馬寺 ……………………張 繼…123
寒食寄京師諸弟 ……………韋應物…124
滁州西澗 ……………………韋應物…124
游子吟 ………………………孟 郊…125
登科後 ………………………孟 郊…125
山石 …………………………韓 愈…126
左遷至藍關示姪孫湘 ………韓 愈…126
調張籍 ………………………韓 愈…127
聽穎師彈琴 …………………韓 愈…128
猛虎行 ………………………張 籍…129
節婦吟 ………………………張 籍…130
雨過山村 ……………………王 建…131
望夫石 ………………………王 建…131
烏衣巷 ………………………劉禹錫…132
竹枝詞 ………………………劉禹錫…132
石頭城 ………………………劉禹錫…133
浪淘沙 ………………………劉禹錫…133
賣炭翁 ………………………白居易…134
古原草 ………………………白居易…135
寄微之三首 …………………白居易…135
湖亭晩歸 ……………………白居易…136
城上對月期友人不至 ………白居易…136
問劉十九 ……………………白居易…137
贈內子 ………………………白居易…137
江雪 …………………………柳宗元…138
登柳城樓寄漳・汀・封・連四州刺史
…………………………柳宗元…138
漁翁 …………………………柳宗元…139
溪居 …………………………柳宗元…139
種竹並序 ……………………元 稹…140
田家詞 ………………………元 稹…141
採珠行 ………………………元 稹…141
憶遠曲 ………………………元 稹…142
雪天 …………………………元 稹…142
渡桑乾 ………………………賈 島…143
尋隱者不遇 …………………賈 島…143
夢天 …………………………李 賀…144
南園 …………………………李 賀…144
秋來 …………………………李 賀…145
出城 …………………………李 賀…145
泊秦淮 ………………………杜 牧…146
清明 …………………………杜 牧…146
山行 …………………………杜 牧…147
秋夕 …………………………杜 牧…147
無題 …………………………李商隱…148
夜雨寄北 ……………………李商隱…148
嫦娥 …………………………李商隱…149
登樂遊原 ……………………李商隱…149
贈少年 ………………………溫庭筠…150
商山早行 ……………………溫庭筠…150
感弄猴人賜朱紱 ……………羅 隱…151
綿谷迴寄蔡氏昆仲…………羅 隱…151
送人遊吳 ……………………杜荀鶴…152
山中寡婦 ……………………杜荀鶴…152

宋 詩

寒食 …………………………王禹偁…155
村行 …………………………王禹偁…155
魯山山行 ……………………梅堯臣…156

田家 ……………………………梅堯臣…156
陶者 ……………………………梅堯臣…156
夏意 ……………………………蘇舜欽…157
淮中晩泊犢頭 ……………蘇舜欽…157
晩泊岳陽 …………………歐陽修…158
別滁 ……………………………歐陽修…158
奉使道中作 ………………歐陽修…159
畫眉鳥 ………………………歐陽修…159
河北民 ………………………王安石…160
夜直 ……………………………王安石…160
示長安君 …………………王安石…161
泊船瓜洲 …………………王安石…161
雨花臺 ………………………王安石…162
紅梅 ……………………………蘇 軾…163
有美堂暴雨 ………………蘇 軾…163
屈原塔 ………………………蘇 軾…164
望海樓晩 景五絕…………蘇 軾…164
六月二十七日望湖樓醉書 蘇 軾…165
吳中田婦歎 ………………蘇 軾…165
陌上花二首 ………………蘇 軾…166
春日 ……………………………秦 觀…167
泗州東城晩望 ……………秦 觀…167
野步 ……………………………賀 鑄…168
題諸葛峪田家壁 …………賀 鑄…168
摩詰畫 ………………………黃庭堅…169
病起荆江亭卽事 …………黃庭堅…169
睡起 ……………………………黃庭堅…170
登快閣 ………………………黃庭堅…170
過家 ……………………………黃庭堅…171
別三子 ………………………陳師道…172
田家 ……………………………陳師道…172
登岳陽樓 …………………陳與義…173
雨晴 ……………………………陳與義…173
雪後尋梅 …………………楊萬里…174
過百家渡 …………………楊萬里…174
憫農 ……………………………楊萬里…175
春晴懷故園海棠 …………楊萬里…175
長歌行 ………………………陸 游…176
落魄 ……………………………陸 游…177
遊山西村 …………………陸 游…177
晩泊 ……………………………陸 游…178
北望 ……………………………陸 游…178
病起 ……………………………陸 游…179
示兒 ……………………………陸 游…179
初夏 ……………………………范成大…180
催租行 ………………………范成大…180
横塘 ……………………………范成大…180
除夜自石湖歸苕溪 ………姜 夔…181
湖上寓居雜詠 ……………姜 夔…181
揚子江 ………………………文天祥…182
南安軍 ………………………文天祥…182
除夜 ……………………………文天祥…183
世事 ……………………………戴復古…184
飮中 ……………………………戴復古…184
湖山小隱 …………………林 逋…185
山園小梅 …………………林 逋…185
齋居感興 …………………朱 熹…186
秋懷 ……………………………朱 熹…187

遼・金・元詩

村行 ……………………………高士談…191
不眠 ……………………………高士談…191
早春 ……………………………吳 激…192
秋興 ……………………………吳 激…192
題西巖 ………………………劉 汲…193
南園步月 …………………劉 汲…193
還家五首 …………………王若虛…194
感懷 ……………………………王若虛…194
白髮 ……………………………秦 略…195
悼亡 ……………………………秦 略…195

癸巳五月三日北渡三首 …元好問…196
雁門道中書所見 …………元好問…196
松上幽人圖 ………………元好問…197
路傍草 ……………………方 回…198
種稗歎 ……………………方 回…198
題牧牛圖 …………………吳 澄…199
采石渡 ……………………吳 澄…199
有所思 ……………………趙孟頫…200
岳鄂王墓 …………………趙孟頫…200
長風沙夜泊 ………………揭傒斯…201
女兒浦歌二首 ……………揭傒斯…201
自題設色山水贈孟膚徵君 倪 瓚…202
題鄭所南蘭 ………………倪 瓚…202
勁草行 ……………………王 冕…203
有感二首 …………………王 冕…203

明·淸詩

〈明詩〉
田家夜舂 …………………高 啓…207
涼州曲 ……………………高 啓…207
出塞 ………………………于 謙…208
村舍桃花 …………………于 謙…209
山行 ………………………于 謙…209
寄王元美 …………………李攀龍…210
錄別 ………………………李攀龍…210
題赤壁 ……………………王世貞…211
遙望北邙山 ………………王世貞…211
西宮怨 ……………………王世貞…211
漁夫 ………………………李夢陽…212
泰山 ………………………李夢陽…212
聞築外城 …………………楊繼盛…213
送徐子與讞獄江南 ………楊繼盛…213
桃花庵歌 …………………唐 寅…214
題拈花微笑圖 ……………唐 寅…214
送人遊匡廬 ………………吳承恩…215
種藕 ………………………吳承恩…215
宴遊爛柯山 ………………徐 渭…216
懷陳將軍同甫 ……………徐 渭…216
〈淸詩〉
過吳江有感 ………………吳偉業…217
自嘆 ………………………吳偉業…217
秦淮雜詩 …………………王士禎…218
眞州絶句 …………………王士禎…218
灞橋寄內 …………………王士禎…218
早行 ………………………李 漁…219
五十初度答賀客詩 ………李 漁…219
桐江 ………………………袁 枚…220
謁岳王墓 …………………袁 枚…220
漁家 ………………………鄭 燮…222
山寺 ………………………鄭 燮…222
舟中三君子詩 ……………俞 樾…223
入都門口占 ………………俞 樾…223
潼關 ………………………譚嗣同…224
邠州 ………………………譚嗣同…224
鄧尉口號 …………………陳 衍…225
答丁叔雅 …………………陳 衍…225
住西湖白雲禪院 …………蘇曼殊…226
佳人 ………………………蘇曼殊…226
中國詩의 解說 ………………………227

先 秦 詩

《先秦詩》(詩經)

關　　雎[1]

關關雎鳩,[2] 在河之洲,[3] 窈窕淑女[4], 君子好逑.[5]
參差荇菜,[6] 左右流之,[7] 窈窕淑女, 寤寐求之.[8]
求之不得, 寤寐思服,[9] 悠哉悠哉,[10] 輾轉反側.[11]
參差荇菜, 左右采之. 窈窕淑女, 琴瑟友之.[12]
參差荇菜, 左右芼之,[13] 窈窕淑女, 鐘鼓樂之.[14]

(周　　南)

詩經은 中國最初의 詩歌集이며, 대부분 周代의 作品으로 모두 306篇,「風」·「雅」·「頌」의 세 부분으로 나뉜다.「風」은 各地의 民歌를 15國風으로 나누고,「雅」는 朝庭의 樂歌로 小雅·大雅로 나뉘며, 頌은 王과 貴族들이 제사 지낼 때의 樂歌인 바, 詩經中 가장 중요하고 가장 뛰어난 것은「風」으로 中國古典文學의 詩歌傳統이 바로「風」과「騷」라 할 수 있겠다.

---

1) 關雎 : 男子가 여자를 思慕하는 情을 그림.
2) 關關 : 雎鳩의 울음소리. 雎鳩 : 물수리.
3) 河 : 黃河. 洲 : 물 가운데의 陸地. 작은 모래섬.
4) 窈窕淑女 : 얌전한 여자.
5) 君子 : 古代에 男子의 美稱. 好逑 : 훌륭한 배우자. 여기서는 動詞로 쓰여서 思慕하여 配偶者가 되길 바라는 뜻.
6) 參差 : 가지런하지 않은 모양. 荇 : 노랑어리연꽃.
7) 流 : 구함. 찾아 얻음.
8) 寤寐 : 자나깨나. 낮이나밤이나.
9) 思服 : 思는 助詞. 服은 그리다.
10) 悠哉悠哉 : 悠悠. 綿綿히 끊이지 않음.
11) 輾轉反側 : 엎치락뒤치락하며 잠을 이루지 못하는 모양.
12) 友 : 가까이함.
13) 芼 : 가림, 솎음. 流나 采와 같은 뜻.
14) 樂 : 즐기다.

小 星[1]

嘒(嘒)彼小星,[2] 三五在東.[3]

肅肅宵征,[4] 夙夜在公,[5] 實(寔)命不同.[6]

嘒(嘒)彼小星, 維參與昴.

肅肅宵征, 抱衾與裯,[7] 實(寔)命不猶.[8]

(召 南)

1) 小星 : 小臣이 階級의 上下間에 不平等함을 不平하는 詩.
2) 嘒 : 희미한 빛의 모양.
3) 三 : 參(28宿의 하나, 西쪽에 있으며 7개의 별로 이루어짐, 옛 사람들은 옆으로 뻗은 3개의 별로 參을 代表), 五 : 昴(28宿의 하나, 7개의 별로 이루어졌으나, 옛 사람들은 5개로 생각하였음.)
4) 肅肅 : 급한 모양. 宵征 : 밤길을 감.
5) 夙夜 : 이른 아침과 늦은 밤. 公 : 公務를 말함.
6) 實 : 寔, 是.
7) 衾 : 이불. 裯 : 홑이불.
8) 不猶 : 不如.

君子于役[1]

君子于役，不知其期.
曷至哉[2]？雞棲于塒，[3] 日之夕矣，羊牛下來.
君子于役，如之何勿思！
君子于役，不日不月.[4]
曷其有佸[5]？雞棲于桀，[6] 日之夕矣，羊牛下括(佸).[7]
君子于役，苟無饑渴[8]？

(王　　風)

---

1) 君子于役：行役을 나가 오래도록 돌아오지 않는 남편을 그리워하는 詩.
君子：아내가 남편을 指稱하는 말. 于：往. 役：군대로 뽑히어 변방을 지키는 것.
2) 曷至哉：어디에 갔을까?
3) 塒：홰.
4) 不日不月：日月로 셀 수가 없음. 기약이 없음.
5) 有佸：又會. 다시 만남. 有：又와 음이 같음.
6) 桀：홰.
7) 括：佸. 이름(至也).
8) 苟：且.

蒹　葭[1)]

蒹葭蒼蒼.[2)] 白露爲霜. 所謂伊人,[3)] 在水一方.[4)]
遡洄從之,[5)] 道阻且長.[6)] 遡游從之,[7)] 宛在水中央.[8)]
蒹葭淒淒.[9)] 白露未晞.[10)] 所謂伊人, 在水之湄.[11)]
遡洄從之, 道阻且躋.[12)] 遡游從之, 宛在水中坻.[13)]
蒹葭采采.[14)] 白露未已. 所謂伊人, 在水之涘.[15)]
遡洄從之, 道阻且右.[16)] 遡游從之, 宛在水中沚.[17)]

(秦　風)

---

1) 蒹葭 : 愛情詩. 가을날 이른 아침. 갈대잎의 이슬도 채 마르기 전 詩人은 戀人을 찾는데, 그가 있는 곳은 사방을 둘러싸고 물이 흘러 마치 그 섬에 몸을 숨기고 있는 듯 바라보기만 할 뿐 가까이 가지는 못한다. 每章의 첫째, 둘째 句는 경치를 그렸고, 以下 六個句는 연인이 있는 곳을 묘사했다.
2) 蒹葭 : 갈대. 蒼蒼 : 갈대가 새파랗게 우거진 모양.
3) 伊人 : 그대.
4) 在水一方 : 강의 저쪽편.
5) 遡洄 : 물의 흐름을 거슬러 올라감.
6) 阻 : 험하다.
7) 游 : 물의 흐름.
8) 宛 : 흡사함.
9) 淒淒 : 蒼蒼과 같은 뜻.
10) 晞 : 마르다.
11) 湄 : 물가.
12) 躋 : 오름.
13) 坻 : 水中의 高地.
14) 采采 : 萋萋와 뜻이 같음
15) 涘 : 물가.
16) 右 : 꼬불꼬불함.
17) 沚 : 물 속의 砂場.

伐　檀[1]

坎坎伐檀兮,[2] 寘之河之干兮,[3] 河水淸且漣猗.[4] 不稼不穡,[5] 胡取禾三百廛(纏)兮[6]? 不狩不獵,[7] 胡瞻爾庭有縣(懸)貆兮[8]? 彼君子兮, 不素餐兮[9]!

坎坎伐輻兮,[10] 寘之河之側兮, 河水淸且直猗. 不稼不穡, 胡取禾三百億(繶)兮[11]? 不狩不獵, 胡瞻爾庭有縣(懸)特兮[12]? 彼君子兮, 不素食兮!

坎坎伐輪兮, 寘之河之漘兮,[13] 河水淸且淪猗.[14] 不稼不穡, 胡取禾三百囷(稛)兮[15]? 不狩不獵, 胡瞻爾庭有縣(懸)鶉兮[16]? 彼君子兮, 不素飧兮.[17]

(魏　風)

---

1) 伐檀：古代에 伐木하는 사람이 부른 불평의 노래. 每章의 1,2句는 伐木꾼의 나무 베는 것을 그렸고 第4句 以下는 나무꾼의 爲政者에 대한 諷刺.
2) 坎坎：나무 베어내는 소리.
3) 寘：置(둠). 干：물가.
4) 漣：잔물결. 바람으로 인해 수면에 쇠사슬처럼 파문이 이는 것. 猗：어조사.
5) 稼：곡식을 심음. 穡：곡식을 거둠.
6) 廛：纏. 三百纏：三百이라는 숫자는 多數를 상징함.
7) 狩：겨울 사냥.
8) 爾：「不稼不穡」, 「不狩不獵」하는 사람. 君子를 뜻함. 貆：貒(오소리).
9) 素餐：일을 하지 않고 밥을 먹음. 「不素餐」이란 君子가 「不勞而食」함을 反語的으로 諷刺.
10) 輻：바퀴살.
11) 億：繶, 묶음. 단.
12) 特：3年된 야수.
13) 漘：물가.
14) 淪：소용돌이.
15) 囷：稛, 묶음.
16) 鶉：메추라기.
17) 飧：익혀 먹음.

何草不黃[1]

何草不黃! 何日不行! 何人不將[2]! 經營四方.
何草不玄[3]! 何人不矜[4]! 哀我征夫, 獨爲匪民[5]!
匪兕匪虎, 率彼曠野.[6] 哀我征夫, 朝夕不暇!
有芃者狐,[7] 率彼幽草. 有棧之車,[8] 行彼周道.

(小雅 · 魚藻之什)

---

1) 何草不黃 : 行役 나간 兵士가 고통을 원망한 詩. 第 1,3,4章은 동분서주하여 쉴 틈이 없음을 원망. 第 2 章은 夫婦의 이별을 원망했는데 풀의 憔悴함으로 사람들의 悴憔함을 상징.
2) 將 : 行.
3) 玄 : 풀이 말라 꺼멓게 됨.
4) 矜 : 鰥과 通用, 홀아비.
5) 匪民 : 非人. (사람이 아닌가?)
6) 率 : 循. 사람이 마치 野獸처럼 曠野를 다님.
7) 芃 : 초목이 무성한 모양.
8) 棧 : 수레가 높고 큰 모양.

采　葛[1]

彼采葛兮. 一日不見, 如三月兮!
彼采蕭兮.[2] 一日不見, 如三秋兮[3]!
彼采艾兮.[4] 一日不見, 如三歲兮!

(王　風)

1) 采葛 : 그리움을 읊은 詩. 칡과 쑥을 캐고 있을 임을 그리워함.
2) 蕭 : 蒿類(다북쑥).
3) 三秋 : 보통 一秋를 1年으로 보나, 가을의 석 달. 또는 세 해의 가을.
4) 艾 : 약쑥.

秦·漢詩

《秦·漢詩》

與蘇武二首

李 陵

良時不再至，離別在須臾.[1] 屛營[2]衢路側，執手野踟躕.[3] 仰視浮雲馳，奄忽互相踰.[4] 風波一失所,[5] 各在天一隅. 長當從此別，且復立斯須.[6] 欲因晨風發，送子以賤軀.

嘉會難再遇，三載爲千秋.[7] 臨河濯長纓，念子悵悠悠.[8] 遠望悲風至，對酒不能酬，行人懷往路，何以慰我愁? 獨有盈觴酒，與子結綢繆.[9]

李陵(？～B.C 74) 字는 少卿，西漢 隴西 成紀人으로 將軍 李廣의 孫. 蘇武와 친한 사이로 武가 匈奴에 使節갔다가 돌아오자 이 詩를 贈與했는데，이로써 五言詩의 효시로 삼는 說이 있음.

---

1) 須臾：짧은 시간.
2) 屛營：彷徨함.
3) 踟躕：서성임.
4) 奄忽：갑자기. 踰：지나침.
5) 風波一失所：구름이 바람에 떠돌다가 자기 위치를 잃음.
6) 斯須：잠시.
7) 三載爲千秋：三載는 세 번 같이 만남을 뜻함.
8) 念子悵悠悠：그대를 생각하면 아득하네.
9) 綢繆：情이 연면한 모양.

古 詩

蘇 武

骨肉[1]緣枝葉, 結交亦相因.[2] 四海皆兄弟,[3] 誰爲行路人. 況我連枝樹,[4] 與子同一身. 昔爲鴛與鴦, 今爲參與辰.[5] 昔者長相近, 邈若胡與秦.[6] 惟念當乖離, 恩情日以新. 鹿鳴思野草, 可以喩嘉賓.[7] 我有一罇酒, 欲以贈遠人. 願子留斟酌, 敍此平生親.

結髮爲夫妻, 恩愛兩不疑. 歡娛在今夕, 嬿婉[8]及良時. 征夫懷往路, 起視夜何其.[9] 參辰皆已沒,[10] 去去從此辭. 行役在戰場, 相見未有期. 握手一長歎, 淚爲生別滋.[11] 努力愛春華,[12] 莫忘歡樂時, 生當復來歸, 死當長相思.

蘇武(B.C 143?~60) 字는 子卿, 西漢 京兆人, 天漢元年에 匈奴에 使節로 갔다가 抑留돼 19年을 羊 치다가 歸還. 古詩四首와 答李陵·別李陵 등이 있음.

---

1) 骨肉 : 兄弟.
2) 因 : 親의 뜻.
3) 四海皆兄弟, 誰爲行路人 : 「論語」의 「四海之內皆爲兄弟」를 引用.
4) 連枝樹 : 連理樹. 뿌리가 다른 두 나뭇가지 혹은 몸체가 붙은 것을 連理라 함. 夫婦를 比喩하나 여기서는 兄弟임.
5) 參 : 西方에 있는 별 이름. 辰 : 東方에 있는 별 이름. 出沒이 엇갈리어 서로 만나지 못함.
6) 邈若胡與秦 : 北方의 胡와 中原의 秦처럼 요원(邈)함.
7) 詩·小雅·鹿鳴 : 「呦呦鹿鳴, 食野之苹 我有嘉賓, 鼓瑟吹笙」을 引用.
8) 嬿婉 : 편하고 순함.
9) 夜何其 : 밤의 어느 때뇨?(夜何時?)
10) 參辰皆已沒 : 장차 새벽임.
11) 生別滋 : 生別은 生離別. 滋는 더욱(益也).
12) 春華 : 少時.

秋風辭[1]

劉 徹

秋風起兮白雲飛, 草木黃落兮鴈南歸. 蘭有秀兮菊有芳,[2] 懷佳人兮不能忘. 汎樓船兮濟汾河,[3] 橫中流兮揚素波. 簫鼓鳴兮發櫂歌,[4] 歡樂極兮哀情多. 少壯幾時兮奈老何!

劉徹(B.C 156~87) 漢武帝. 景帝年間에 文武에 治績을 남겼음. 樂府를 세우고 民歌를 采集했으며, 詩 六篇을 남김.

---

1) 秋風辭 : 「漢武帝故事」에 따르면 B.C 113에 武帝가 河東에 后土(土神)祭祀갈 때 배 안에서 臣下들과 飮宴하면서 지었다 함.
2) 蘭·菊 : 佳人을 비유. 秀 : 꽃이 피어 번성함.
3) 樓船 : 望樓가 있는 배. 汾河 : 山西省에서 發源하여 黃河로 들어가는 강.
4) 櫂 : 棹는 노. 櫂歌 : 뱃노래.

悲憤詩[1)]

蔡　　琰

漢季失權柄, 董卓[2)]亂天常.[3)] 志欲圖簒弑,[4)] 先害諸賢良.[5)] 逼迫遷舊邦,[6)] 擁主以自强. 海內興義師,[7)] 欲共討不祥.[8)] 卓衆來東下,[9)] 金甲耀日光. 平土人脆弱, 來兵皆胡羌.[10)] 獵野圍城邑, 所向悉破亡. 斬截無孑遺, 尸骸相撑拒.[11)] 馬邊懸男頭, 馬後載婦女. 長驅西入關,[12)] 逈路險且阻.[13)] 還顧邈冥冥,[14)] 肝脾爲爛腐. 所略有萬計,

蔡琰(172～?) 字는 文姬. 或은 昭姬, 河南 陳留人. 蔡邕의 딸로 文才가 있고 音律에 通達한, 처음에 衛氏에게 시집을 갔으나 남편이 죽고 兵亂中 匈奴에 잡혀 살다가 曹操가 사람을 보내어 데려온 뒤 董祀에 再嫁. 「胡笳 18拍」과 「悲憤詩」를 남김.

---

1) 悲憤詩 : 「後漢書 · 董祀妻傳」에 蔡琰이 「感傷亂離, 追懷悲憤, 作詩二章」이라 하였으니 第 2 章은 騷體로 38句요, 第 1 章은 五言詩로 108句니 여기 실은 것은 第 1 章이다.
2) 董卓 : 後漢人, 獻帝를 세워 흉포한 짓을 많이 하다. 呂布 · 王允 등에게 죽음.
3) 亂天常 : 天理를 거스름. 天常 : 하늘의 常道.
4) 簒弑 : 임금을 죽이고 그 자리를 빼앗음.
5) 諸賢良 : 董卓에게 살해된 丁原 · 周珌 · 任瓊 等.
6) 舊邦 : 長安을 가리킴.
7) 興義師 : 兵士를 일으켜 董卓을 침.
8) 祥 : 善也. 不祥 : 董卓을 가리킴.
9) 卓衆 : 董卓의 부하 李傕 · 郭汜 等이 이끈 軍隊.
10) 胡羌 : 오랑캐 董卓軍 속의 羌胡.
11) 相撑拒 : 서로 버티어 지탱함. 尸體가 많아서 어지러이 쌓여 있음.
12) 西入關 : 關은 函谷關을 가리킴. 지금의 河南省西部靈寶縣 부근.
13) 逈 : 아득히 멈.
14) 邈冥冥 : 한없이 넓어 아득한 모양.

不得令屯聚. 或有骨肉俱, 欲言不敢語. 失意幾微間, 輒言「斃降虜.[15] 要當以亭刃,[16] 我曹不活汝」.[17] 豈敢惜性命, 不堪其詈罵. 或便加棰杖, 毒痛參并下.[18] 旦則號泣行, 夜則悲吟坐, 欲死不能得, 欲生無一可. 彼蒼者何辜[19]? 乃遭此戹禍.

邊荒與華異,[20] 人俗少義理,[21] 處所多霜雪, 胡風春夏起. 翩翩吹我衣, 肅肅入我耳. 感時念父母, 哀歎無窮已. 有客從外來, 聞之常歡喜. 迎問其消息, 輒復非鄉里. 邂逅徼時願,[22] 骨肉來迎己.[23] 己得自解免, 當復棄兒子. 天屬綴人心,[24] 念別無會期. 存亡永乖隔, 不忍與之辭. 兒前抱我頸, 問「母欲何之? 人言母當去, 豈復有還時? 阿母常仁惻, 今何更不慈? 我尙未成人, 奈何不顧思!」見此崩五內,[25] 恍惚生狂癡.[26] 號泣手撫摩, 當發復回疑. 兼有同時輩, 相送告離別. 慕我獨得歸, 哀叫聲摧裂. 馬爲立踟蹰, 車爲不轉轍. 觀者皆歔欷,[27] 行路亦鳴咽.

去去割情戀, 遄征日遐邁.[28] 悠悠三千里, 何時復交會? 念我出

---

15) 斃 : 斃, 욕하며 꾸짖는 말. 斃降虜 : 死囚(死刑囚).
16) 亭刃 : 亭은 楟(찌르다)의 省字니, 날(刃)을 휘두르다.
17) 我曹 : 我輩. 兵士의 自稱.
18) 毒 : 恨也. 參 : 兼也. 怨恨과 苦痛이 서로 交錯됨.
19) 彼蒼者 : 하늘을 가리킴.
20) 邊荒 : 멀리 邊方의 땅. 南匈奴를 가리킴.
21) 小義理 : 그곳의 風俗이 野蠻스러움을 말한 것.
22) 邂逅 : 우연히 만남. 徼 : 僥倖.
23) 骨肉 : 親父母兄弟. 蔡琰을 데리러 온 漢朝의 使臣을 만나니 마치 骨肉을 만난 듯함을 형용함.
24) 天屬 : 父母, 子女, 兄弟, 姊妹 등.
25) 五內 : 五臟.
26) 恍惚 : 정신이 흐리멍텅함. 生狂癡 : 發狂.
27) 歔欷 : 흑흑 흐느끼어 욺.
28) 遄征 : 빨리 감. 日遐邁 : 하루 하루 멀어져 감.

褫子，胸臆爲摧敗．旣至家人盡，又復無中外.[29] 城郭爲山林，庭宇生荆艾．白骨不知誰，從横莫覆蓋．出門無人聲，豺狼號且吠．煢煢對孤景,[30] 怛咤糜肝肺.[31] 登高遠眺望，魂神忽飛逝．奄若壽命盡，旁人相寬大.[32] 爲復强視息,[33] 雖生何聊賴[34]？託命於新人,[35] 竭心自勗厲.[36] 流離成鄙賤，常恐復捐廢.[37] 人生幾何時，懷憂終年歲.

---

29) 中外：中表와 같음. 中은 外叔의 子女，表는 姑母의 子女. 가까운 친척을 가리킴.
30) 煢煢：외로운 모양. 景：影.
31) 怛咤：애통하여 나오는 말.
32) 相寬大：그녀에게 너그러이 마음 먹기를 권함.
33) 息：호흡.
34) 何聊賴：의뢰할 곳이 없음.
35) 新人：蔡琰이 재가한 남편 董祀.
36) 勗厲：권장함.
37) 捐廢：버려두고 돌보지 않음.

上 邪[1]

無 名 氏

上邪[2]!

我欲與君相知,[3] 長命無絶衰.[4]

山無陵, 江水爲竭, 冬雷震震, 夏雨雪, 天地合, 乃敢與君絶[5]!

---

1) 上邪 : 戀歌로 愛情의 堅固함과 永久함을 하늘에 맹세함.
2) 上 : 하늘을 가리킴. 邪 : 耶(感嘆辭)
3) 相知 : 서로 친근함.
4) 命 : 令 或은 使.
5) 山無陵～乃敢與君絶 : 높은 산이 평지가 되고, 강물이 마르고 겨울에 번개치고, 여름에 눈이 오고, 天地가 합병되는 등 재변이 일어날지라도 나와 임은 끊을 수 없을 것이네.

有所思[1)]

無　名　氏

有所思, 乃在大海南. 何用問遺君[2)]? 雙珠瑇瑁簪,[3)] 用玉紹繚之.[4)] 聞君有他心, 拉雜摧燒之. 摧燒之, 當風揚其灰. 從今以往, 勿復相思! 相思與君絕! 雞鳴狗吠, 兄嫂當知之. (妃呼狶)[5)] 秋風肅肅晨風颸,[6)] 東方須臾高知之.[7)]

---

1) 有所思 : 戀歌. 變心한 사내를 두고 갈등하는 女人을 그림.
2) 問遺 : 贈與함.
3) 瑇瑁 : 열대 지방의 바다거북으로 된 장식품. 옛사람들은 상투에 冠을 고정시키고자 瑇瑁로 만든 비녀를 찔러 양끝이 관 밖으로 나오게 하였음.
4) 紹繚 : 휘감음.
5) 妃呼狶 : 소리를 나타냄. 뜻은 없음.
6) 肅肅 : 바람 소리. 晨風 : 송골매. 颸 : 서늘한 바람, 여기서는 '빠르다'의 뜻.
7) 高 : 皜로 읽음. 뜻은 '희다(白也)'.

陌上桑[1]

無 名 氏

日出東南隅,[2] 照我秦氏樓. 秦氏有好女, 自名爲羅敷. 羅敷喜(一作善)蠶桑, 採桑城南隅, 青絲爲籠係,[3] 桂枝爲籠鉤. 頭上倭墮髻,[4] 耳中明月珠.[5] 緗綺爲下帬,[6] 紫綺爲上襦. 行者見羅敷, 下擔捋髭鬚. 少年見羅敷, 脫帽(一作巾)著帩頭.[7] 耕者忘其犂(一作耕), 鋤者忘其鋤. 來歸相怒怨, 但坐觀羅敷.[8]

使君從南來,[9] 五馬立踟躕.[10] 使君遣吏往, 「問是誰家姝.」[11] 「秦氏有好女, 自名爲羅敷.」[12] 「羅敷年幾何?」 「二十尙不足, 十五頗有餘.」「使君謝羅敷, 寧可共載不?」[13] 羅敷前置辭(一作致辭).「使君

---

1) 陌上桑 : 太守가 뽕따는 婦女를 희롱하다가 拒絕 당하는 故事를 三解(3章)로 구성했음.
2) 隅 : 方(쪽).
3) 籠 : 대바구니. 係 : 물건을 매는 끈.
4) 倭墮 : 아리따운.
5) 明月珠 : 밤에 광채를 발한다는 커다란 구슬.
6) 緗 : 담황색.
7) 帩頭 : 머리띠.
8) 坐 : 때문에 (因也)
9) 使君 : 漢代의 太守 或은 刺史에 대한 尊稱.
10) 立踟躕 : 使君의 수레가 멈추어 나아가질 않음.
11) 姝 : 美女.
12) 이 句는 아전의 답변.
13) 謝 : 물어봄.

一何愚[14)]! 使君自有婦, 羅敷自有夫.」

「東方千餘騎, 夫壻居上頭.[15)] 何用識夫壻[16)]? 白馬從驪駒,[17)] 青絲繫馬尾, 黃金絡馬頭, 腰中鹿盧劍,[18)] 可値千萬餘. 十五府小史(一作吏),[19)] 二十朝大夫, 三十侍中郞,[20)] 四十專城居.[21)] 爲人潔白晳, 鬑鬑頗有鬚,[22)] 盈盈公府步, 冉冉府中趨.[23)] 坐中數千人, 皆言夫壻殊.[24)]」三解。

14) 一: 語助詞.
15) 上頭: 行列의 맨 앞.
16) 何用: 何以, 무엇으로써.
17) 驪: 검은말.
18) 鹿盧: 轆轤 모양의 玉의 장식이 있는 劍.
19) 府小吏: 太守府의 아전.
20) 朝大夫·侍中郞: 모두 官職의 이름.
21) 專城居: 한 城의 主人을 말함. 州牧이나 太守.
22) 鬑鬑: 긴 모양. 흰 얼굴과 긴 구레나룻은 당시 男性美를 상징.
23) 盈盈·冉冉: 모두 아름답고 느릿한 모양. 公府: 관부. 관아. 府中: 太守가 거처하는 곳.
24) 殊: 出衆함.

行行重行行[1]

無 名 氏

行行重行行,[2] 與君生別離. 相去萬餘里, 各在天一涯,[3] 道路阻且長, 會面安可知? 胡馬依北風,[4] 越鳥巢南枝.[5] 相去日已遠,[6] 衣帶日已緩.[7] 浮雲蔽白日,[8] 游子不顧返.[9] 思君令人老, 歲月忽已晚.[10] 棄捐勿復道,[11] 努力加餐飯.

古詩 : 後代人이 古代詩를 일컫는 通稱으로 漢詩中 梁·陳時代까지 傳해진 한 무더기의 作者 未詳, 題目 失傳의 것을 말함. 古詩中 一部分은 枚乘·傅毅·曹植·王粲 等의 著作이라 하나 分明치 않고, 古詩十九首는 모두 「文選」에 수록되었음.

---

1) 行行重行行 : 집을 떠난 남편을 그리워함. 이런 題材는 民歌에서 흔히 볼 수 있으며 風格 또한 民歌에 접근됨.
2) 重行行 : 멈추지 아니하고 감.
3) 天一涯 : 하늘 한 귀퉁이.
4) 胡 : 北方의 야만족. 依 : 그리워함.
5) 越 : 胡의 相對語로 南쪽 種族.
6) 已 : 以와 같음.
7) 緩 : 느슨하여짐. 漢樂府古歌에 「離家日趨遠·衣帶日趨緩」의 句를 引用.
8) 浮雲蔽日 : 나그네의 마음에 유혹이 생김을 비유함.
9) 顧 : 생각함.
10) 捐 : 버림.

青青河畔草[1)]

無　名　氏

青青河畔草, 鬱鬱園中柳.[2)] 盈盈樓上女,[3)] 皎皎當窗牖.[4)] 娥娥紅粉粧,[5)] 纖纖出素手.[6)] 昔爲倡家女,[7)] 今爲蕩子婦.[8)] 蕩子行不歸, 空牀難獨守.

---

1) 青青河畔草 : 수심에 잠긴 蕩子의 아내를 그린 詩.
2) 鬱鬱 : 무성한 모양. 園中柳 : 버들가지를 꺾어 떠나는 이에게 주며 再會를 다짐한 故事 때문에 버들은 離別을 想起시킴.
3) 盈 : 嬴과 通用(아름다운 姿態).
4) 皎皎 : 깨끗하고 흰 모양.
5) 娥娥 : 아름다운 모양.
6) 纖纖 : 가느다란 모양.
7) 倡 : 歌舞를 하는 伎生.
8) 蕩子 : 遊子와 같음.

明月何皎皎[1]

無　名　氏

明月何皎皎，照我羅牀幃.[2]
憂愁不能寐，攬衣起徘徊.[3]
客行雖云樂，不如早旋歸.[4]
出戶獨彷徨,[5] 愁思當告誰.
引領還入房,[6] 淚下沾裳衣[7]

1) 明月何皎皎 : 나그네의 오랜 客地生活로 고향에 돌아가고픈 심정을 그림. 或은 女子가 閨中에서 지아비를 그리워함을 묘사. 古樂府의 「傷歌行」이나 曹丕의 「燕歌行」과 비슷함.
2) 牀幃 : 휘장.
3) 攬 : 잡음.
4) 旋 : 회전함.
5) 彷徨 : 徘徊와 같음.
6) 引領 : 목을 빼어 바라봄.
7) 裳衣 : 衣裳.

迢迢牽牛星[1)]

無 名 氏

迢迢牽牛星,[2)] 皎皎河漢女.[3)]
纖纖擢素手,[4)] 札札弄機杼.[5)]
終日不成章,[6)] 泣涕零如雨.[7)]
河漢淸且淺, 相去復幾許?
盈盈一水間, 脈脈不得語.[8)]

1) 迢迢牽牛星 : 牽牛와 織女의 悲戀을 묘사.
2) 迢迢 : 苕苕. 멀거나 높은 모양.
3) 河漢 : 銀河. 河漢女 : 織女星. 牽牛織女의 故事는 西漢 때 發生.
4) 擢 : 듦.
5) 札札 : 베짜는 소리.
6) 不成章 : 文彩를 짜지 못함.
7) 零 : 落과 같음. 離別의 서러움으로 눈물이 비오듯 쏟아지고 베의 文彩를 짜지도 못함.
8) 脈脈 : 眽眽 或은 覛覛. (서로 물끄러미 보는 모양)

十五從軍征[1)]

無　名　氏

十五從軍征, 八十始得歸. 道逢鄉里人, 「家中有阿誰[2)]?」「遙望是君家」, 松柏冢纍纍.[3)] 兎從狗竇入,[4)] 雉從梁上飛. 中庭生旅穀,[5)] 井上生旅葵. 烹穀持作飯, 采葵持作羹.[6)] 羹飯一時熟, 不知貽阿誰.[7)] 出門東向望, 淚落沾我衣.

---

1) 十五從軍征 : 叙事詩로서, 젊어서 從軍했다가 늙어서 歸鄉하여 荒蕪한 故里에서의 悲嘆을 그렸음.
2) 阿誰 : 阿는 發語詞.
3) 冢 : 封土. 纍纍 : 壘壘, 무덤이 즐비한 모양.
4) 狗竇 : 개구멍.
5) 旅穀 : 파종하지 않았는데 돋아나 자란 곡식.
6) 羹 : 국.
7) 貽 : 줌.

魏·晋 詩

《魏·晉詩》

孤兒行[1)]

無　名　氏

孤兒生, 孤子遇生,[2)] 命獨當苦! 父母在時, 乘堅車, 駕駟馬. 父母已去,[3)] 兄嫂令我行買.[4)] 南到九江,[5)] 東到齊與魯.[6)] 臘月來歸, 不敢自言苦. 頭多蟣虱, 面目多塵.[7)] 大兄言辦飯, 大嫂言視馬. 上高堂, 行取殿下堂.[8)] 孤兒淚下如雨. 使我朝行汲, 暮得水來歸. 手爲錯,[9)] 足下無菲.[10)] 愴愴履霜,[11)] 中多蒺藜.[12)] 拔斷蒺藜腸月中,[13)] 愴欲悲. 淚下渫渫,[14)] 清涕纍纍.[15)] 冬無複襦,[16)] 夏無單衣. 居生不

1) 孤兒行 : 孤兒가 兄嫂한테서 받는 서러움을 叙述함. 九江의 北쪽, 齊魯의 西쪽으로 河南境界內에서 發生한 故事.
2) 遇 : 偶然.
3) 已去 : 已死.
4) 行買 : 돌아다니며 물건을 팖. 漢代에는 商人의 地位가 貴族·富豪의 奴僕과 같이 낮았음.
5) 九江 : 지금의 安徽省 壽縣.
6) 齊 : 西漢이 齊郡을 設置하여 臨淄(지금의 山東省 臨淄縣)을 다스렸음. 魯 : 漢의 縣 이름. 지금의 山東省 曲阜.
7) 面目多塵 : 맨끝에 「土」字가 脫落된 것임.
8) 行 : 復. 取 : 趣와 같음. 殿 : 高堂.
9) 錯 : 피부가 갈라짐. (皵와 통용)
10) 菲 : 짚신(屝와 통용)
11) 愴愴 : 슬퍼하는 모양.
12) 蒺藜 : 납가새. 열매엔 억센 가시가 있음.
13) 腸 : 腓腸 或은 腦腸이라 함. 月 : 肉임.
14) 渫渫 : 물이 흐르는 모양.
15) 纍纍 : 끊이지 않음.
16) 複襦 : 겹으로 된 짧은 속옷.

樂，不如早去下從地下黃泉[17]！ 春氣動， 草萌芽. 三月蠶桑， 六月收瓜. 將是瓜車，[18] 來到還家. 瓜車反覆. 助我者少， 啗瓜者多.[19] 願還我蒂，[20] 兄與嫂嚴， 獨且急歸，[21] 當與校計.[22] 亂曰：，[23] 里中一何譊譊，[24] 願欲寄尺書，將與地下父母，兄嫂難與久居！

17) 早去：일찍 죽음.
18) 將：推(밀다).
19) 啗：먹음.
20) 蒂：蔕. 꼭지.
21) 獨：장차. 且：語助辭.
22) 校計：셈을 따짐.
23) 亂：音樂의 제일 마지막 段으로 合唱할 수도 있음.
24) 譊譊：화내어 부르짖는 소리.

東門行[1]

無 名 氏

出東門, 不顧歸, 來入門, 悵欲悲. 盎中無斗儲,[2] 還視桁上無縣衣.[3] 拔劍出門去, 兒女牽衣啼, 他家但願富貴, 賤妾與君共餔糜.[4] 共餔糜, 上用倉浪天故, 下爲黃口小兒,[5] 今時淸廉,[6] 難犯敎言,[7] 君復自愛莫爲非. 今時淸廉, 難犯敎言, 君復自愛莫爲非. 行, 吾去爲遲.[8] 平愼行, 望君歸.[9]

---

1) 東門行 : 樂府의 淸商曲辭 중의 하나로, 한 남편이 가난 때문에 不法的인 일을 저지르자 아내가 이를 말림.
2) 盎 : 盆(동이)
3) 桁 : 衣架.
4) 餔糜 : 죽을 먹음. 糜는 粥임.
5) 上用倉浪天故, 下爲黃口小兒 : 위로는 蒼天(天道)을 위하고, 아래로는 어린 자식들을 위함.
6) 淸廉 : 마음이 깨끗하고 욕심이 없음.
7) 敎 : 왕·제후의 명령.
8) 行 : 斷句임. 吾去爲遲 : 「나는 벌써 늦었음」을 탄식함.
9) 平愼行, 望君歸 : 行動을 조심하고, 그대의 歸還을 바람. 이는 아내가 남편에게 권면하는 말. 平愼은 上愼.

婦病行[1]

無　名　氏

婦病連年累歲，傳呼丈人前.[2] 一言當言，未及得言，不知淚下一何翩翩[3]！屬累君兩三孤子[4]，莫我兒飢且寒．有過愼莫笪笞.[5] 行當折搖，[6] 思復念之.[7] 亂曰[8]：抱時無衣，襦復無裏，[9] 閉門塞牖．舍孤兒到市，道逢親交，泣坐不能起．從乞求與孤買餌，[10] 對交啼泣，淚不可止．我欲不傷，悲不能已．探懷中錢持授．交入門，見孤兒啼索其母抱．徘徊空舍中，行復爾耳，[11] 棄置勿復道.[12]

---

1) 婦病行：淸商曲辭中 瑟調曲의 하나로，가난뱅이의 아내는 죽고 자식의 어린 慘相을 그렸음.
2) 丈人：그 남편.
3) 翩翩：그치지 않음.
4) 屬累：부탁함.
5) 笪：「說文 解字」에 笪，笞也，또한 撻이니 모두 채찍이나 막대.
6) 行：且와 같음. 折搖는 折夭임.
7) 思：發言辭.
8) 亂曰：후렴.
9) 襦復無裏：짧은 옷에 또한 속옷도 입지 않음.
10) 餌：경단.
11) 行復爾耳：「아마 또 가겠지(그 엄마를 따라서)」의 뜻.
12) 棄置勿復道：「그만 두고 다시 말하지 말게」와 같은 樂工의 입버릇임.

短歌行[1]

曹　　操

對酒當歌，人生幾何? 譬如朝露，去日苦多．慨當以慷，憂思難忘．何以解憂[2]? 惟有杜康.[3] 青青子衿,[4] 悠悠我心.[5] 但爲君故，沈吟至今．呦呦鹿鳴,[6] 食野之苹.[7] 我有嘉賓，鼓瑟吹笙．明明如月，何時可掇[8]? 憂從中來，不可斷絕．越陌度阡,[9] 枉用相存.[10] 契闊談讌,[11] 心念舊恩．月明星稀，烏鵲南飛．繞樹三匝,[12] 何枝可依? 山不厭高，海不厭深．周公吐哺,[13] 天下歸心.

曹操(155~220) 魏武帝，字 孟德．漢靈帝 때에 「能明古學」으로 議郎에 올랐고，獻帝 때 大將軍 및 丞相에 피봉．그의 詩는 悲憤慷慨하여 喪亂를 잘 그렸으며，現存 21篇.

---

1) 短歌行 : 相和歌 平調曲에 속하며，이 詩는 宴會의 歌辭로 쓰인 듯함.
2) 何 : 누구.
3) 杜康 : 술을 최초로 빚었다는 사람．여기서는 술의 代稱.
4) 衿 : 옷깃．푸른 옷깃은 周代 선비의 服裝이었음.
5) 悠悠 : 그리워하는 모양.
6) 呦呦 : 사슴의 울음소리.
7) 苹 : 쑥풀.
8) 掇 : 줍다.
9) 陌·阡 : 밭두렁길．越陌席阡 : 손님이 위로하러 오는 거동.
10) 存 : 살펴봄.
11) 契闊 : 契는 投合，闊은 疏遠．談讌 : 잔치에 모이어 이야기함.
12) 匝 : 둘레.
13) 吐哺 : 입 안에 있는 것을 뱉음．스스로를 周公에 비유하여 賢才를 구하여 建業하려는 心思를 나타냄.

苦寒行[1)]

曹　　操

北上太行山,[2)] 艱哉何巍巍! 羊腸坂詰屈,[3)] 車輪爲之摧. 樹木何蕭瑟! 北風聲正悲. 熊羆對我蹲, 虎豹夾路啼. 谿谷少人民,[4)] 雪落何霏霏! 延頸長歎息,[5)] 遠行多所懷. 我心何怫鬱,[6)] 思欲一東歸.[7)] 水深橋梁絕, 中路正徘徊. 迷惑失故路, 薄暮無宿棲. 行行日已遠, 人馬同時饑. 擔囊行取薪, 斧冰持作糜.[8)] 悲彼東山詩,[9)] 悠悠使我哀.

1) 苦寒行 : 相和歌 淸調曲의 歌辭. 曹操가 建安 11年 高幹(袁紹의 甥)을 정벌할 때 지은 것으로 行軍의 어려움을 묘사했음.
2) 太行山 : 河南省 沁陽縣 북쪽에 있음.
3) 羊腸坡 : 沁陽에서 天井關을 거쳐 晉城에 이르는 道路. 詰屈 : 굽음.
4) 谿 : 산 속의 물도랑.
5) 延頸 : 목을 길게 빼고 몹시 기다림.
6) 怫鬱 : 마음이 울적함.
7) 思欲東歸 : 故鄉인 譙縣을 그리워함.
8) 斧冰 : 얼음을 팜. 糜 : 묽은 죽.
9) 東山 : 「詩經 · 豳風」 篇名.

雜詩二首[1]

曹 丕

一

漫漫秋夜長, 烈烈北風涼. 展轉不能寐,[2] 披衣起彷徨. 彷徨忽已久, 白露沾我裳. 俯視淸水波, 仰看明月光. 天漢回西流,[3] 三五正縱橫.[4] 草蟲鳴何悲, 孤雁獨南翔. 鬱鬱多悲思, 綿綿思故鄕. 願飛安得翼, 欲濟河無梁. 向風長歎息, 斷絶我中腸.

二

西北有浮雲, 亭亭如車蓋.[1] 惜哉時不遇, 適與飄風會.[2] 吹我東南行, 行行至吳會.[3] 吳會非我鄕, 安得久留滯? 棄置勿復陳,[4] 客子常畏人.

曹丕(187~226) 魏文帝, 字는 子桓. 曹操의 長子로 建安 25年 帝位에 오름. 詩歌로는 約 40首가 現存하며 그의 詩體는 多樣하고 通俗的인 言語와 抒情이 특색임.

---

1) 二首 모두 遊子詩이며, 古樂府 혹은 古詩를 모방한 것으로 생각됨.
2) 展轉 : 몸을 뒤척임.
3) 天漢 : 銀河. 초저녁엔 銀河가 天頂에 보이나 밤이 깊을수록 西쪽으로 흘러감.
4) 三五 : 별을 가리킴. 여기서는 별무리의 뜻.

1) 亭亭 : 멀고도 의지할 데가 없는 모양.
2) 飄風 : 회오리바람.
3) 吳會 : 吳郡과 會稽郡을 가리킴. 吳는 본래 秦 會稽郡.
4) 棄置 : 樂府詩에 늘 나오는 套語로 「…은 그만두고」란 뜻.

燕歌行[1]

曹　丕

秋風蕭瑟天氣涼，草木搖落露爲霜.[2] 羣燕辭歸鵠南翔,[3] 念君客游多思腸(一作思斷腸). 慊慊思歸戀故鄉,[4] 君爲淹留寄他方[5]? 賤妾煢煢[6]守空房，憂來思君不敢忘，不覺淚下霑衣裳. 援琴鳴弦發清商,[7] 短歌微吟不能長. 明月皎皎照我牀，星漢西流夜未央.[8] 牽牛織女遙相望，爾獨何辜限河梁.[9]

---

1) 相和歌 平調曲에 속함. 멀리 길 떠난 남편을 그리워하는 여자의 심정을 읊었음. 燕은 北方의 邊境인 바 「燕歌行」은 대부분이 전쟁에 의한 이별을 묘사하였으며, 이는 現存하는 最古의 七言詩.
2) 搖落：시들어 쇠잔함.
3) 鵠：백조.
4) 慊慊：공허한 느낌.
5) 淹留：오래 머무름.
6) 煢煢：근심하는 모양.
7) 清商：樂調의 하나로 音節이 短促함.
8) 夜未央：밤이 이미 깊었으나 아직 다하지 않은 때.
9) 爾：爾는 牽牛織女를 가리킴. 河梁：강 위의 다리.

箜篌引[1]

曹　　　植

置酒高殿上，親交從我游.[2] 中廚辦豊膳，烹羊宰肥牛. 秦箏何慷慨,[3] 齊瑟和且柔.[4] 陽阿奏奇舞,[5] 京洛出名謳.[6] 樂飮過三爵，緩帶傾庶羞.[7] 主稱千金壽，賓奉萬年酬. 久要不可忘,[8] 薄終義所尤.[9] 謙謙君子德，磬折欲何求[10]？驚風飄白日,[11] 光景馳西流.[12] 盛時不再來(一作不可再)，百年忽我遒.[13] 生存華屋處，零落歸山丘. 先民誰不死,[14] 知命復何憂?

曹植(192～232) 字는 子建. 曹丕와 親兄弟. 그의 一生은 220年 10月(曹丕가 魏帝가 되었을 때)을 경계로 前後 兩期로 나뉘어짐. 前期는 평탄했으나 後期는 文帝와 明帝 兩朝로부터 시기를 받아 政事에 참여치 못함. 그의 詩는 約 80首로 五言 爲主며 建安文學의 最高峯.

---

1) 箜篌引：相和歌 瑟調曲의 歌辭. 前半은 宴飮을 묘사, 後半은 議論. 箜篌는 樂器의 일종으로 23絃.

2) 親交：親近한 友人.

3) 秦箏：絃樂器. 옛날의 箏은 5絃이었으나 秦나라 사람 蒙恬이 12絃으로 비파와 같이 변형시켰다가 唐以後에 다시 13絃으로 고침.

4) 齊瑟：絃樂器. 50絃·25絃·23絃·19絃 등이 있으며 齊나라의 臨淄에서 瑟琶가 매우 普遍化되었음.

5) 陽阿：地名. 지금의 山西省 鳳臺縣西北.

6) 京洛：洛陽을 가리킴.

7) 緩帶：허리띠를 느슨히 함. 禮服을 벗고 便한 服裝으로 갈아 입음. 庶羞：여러가지 맛있는 음식.

8) 久要：옛날의 약속.

9) 尤：허물. 친구에게 「始厚而終薄」은 道理가 아님을 말함.

10) 磬折：경쇠처럼 몸을 굽힘. 공경스런 모양.

11) 驚風：疾風.

12) 光景：日月.

13) 遒：박도하다.

14) 先民：옛 사람.

七　　哀[1)]

曹　　植

明月照高樓，流光正徘徊．上有愁思婦，悲歎有餘哀．借問歎者誰，言是宕(一作自云客)[2)]子妻．君行踰十年，孤妾常獨棲．君若清路塵，妾若濁水泥．[3)] 浮沈各異勢，會合何時諧？願爲西南風，長逝入君懷．[4)] 君懷良不開，賤妾當何依？

---

1) 七哀：閨怨詩.

2) 宕子：蕩子.

3) 清：路上의 흙먼지. 濁：水中의 진흙, 清과 濁은 본래 같은 것이나 공중에 떠다니는 것을 형용하여 清이라 하고, 물에 가라앉은 것을 일컬어 濁이라 함. 夫婦(혹은 형제)가 본래 한 몸이나 지금은 地位가 같지 않음을 비유.

4) 逝：往也.

美 女 篇[1)]

曹 植

美女妖且閑,[2)] 採桑岐路間, 柔條紛冉冉,[3)] 葉落何翩翩[4)]! 攘袖見素手,[5)] 皓腕約金環.[6)] 頭上金爵釵,[7)] 腰佩翠琅玕. 明珠交玉體,[8)] 珊瑚間木難.[9)] 羅衣何飄颻! 輕裾隨風還. 顧盻遺光采. 長嘯氣若蘭.[10)] 行徒用息駕, 休者以忘餐.[11)] 借問女安居? 乃在城南端.[12)] 青樓臨大路,[13)] 高門結重關.[14)] 容華耀朝日,[15)] 誰不希令顏[16)]? 媒氏何所營? 玉帛不時安.[17)] 佳人慕高義, 求賢良獨難. 衆人何嗷嗷, 安知彼所觀? 盛年處房室, 中夜起長歎!

---

1) 美女篇 : 雜曲歌 齊瑟行 歌辭.
2) 閑 : 嫻. 품위가 있음.
3) 冉冉 : 부드러운 姿態.
4) 翩翩 : 나부끼는 모양.
5) 攘袖 : 소매를 걷어 올림.
6) 約 : 동여묶음.
7) 爵釵 : 雀釵, 참새 모양을 새긴 비녀.
8) 交 : 감김.
9) 木難 : 푸른색의 구슬. 金翅鳥의 입에서 나온 거품으로 만들어졌다는 전설상의 구슬.
10) 嘯 : 휘파람 불다.
11) 行徒用息駕, 休者以忘餐 : 길을 가는 이는 그녀를 보려 멈추고, 쉬고 있는 이는 그녀 때문에 먹는 것을 잊었네라는 「陌上桑」의 내용을 이 兩句로 압축시킨 것.
12) 城南端 : 城의 正南門.
13) 青樓 : 푸르게 칠한 누각. 漢魏 때는 美人이 사는 집을 가리킴.
14) 重關 : 겹으로 잠근 빗장.
15) 容華耀朝日 : 얼굴의 아름다움이 마치 아침해가 휘황하게 비치는 것 같음.
16) 希令顏 : 美貌를 그리워함. 令은 善也.
17) 玉帛 : 옥과 비단. 古代엔 玉帛으로 定婚하였음. 安 : 安置.

猛 虎 行[1]

陸　　機

渴不飮盜泉水,[2] 熱不息惡木陰. 惡木豈無枝? 志士多苦心. 整駕肅時命,[3] 杖策將遠尋. 飢食猛虎窟, 寒棲野雀林,[4] 日歸功未建, 時往歲載陰.[5] 崇雲臨岸駭,[6] 鳴條隨風吟.[7] 靜言幽谷底. 長嘯高山岑. 急絃無懦響,[8] 亮節難爲音.[9] 人生誠未易, 曷云開此衿? 眷我耿介懷, 俯仰愧古今.[10]

贈弟士龍

陸　　機

行矣怨路長, 惄焉[1]傷別促. 指途悲有餘, 臨觴歡不足. 我若西流水子爲東峙[2]岳. 慷慨逝言感, 徘徊居情育. 安得攜手俱, 契闊成騑服.[3]

陸機(261～303) 字는 士衡, 吳郡人. 吳가 滅한 뒤 晋의 將軍으로 詩名을 얻었음.

---

1) 樂府 相和歌 平調에 收錄. 하나의 志士가 時命에 따라 官途에 나갔다가 功名을 이루지 못하여 고민함을 그림.
2) 盜泉 : 강 이름. (水經에 보임)
3) 時命 : 당시 임금의 命.
4) 古辭의 「飢不從猛虎食, 暮不從野雀棲」를 逆用.
5) 歲載陰 : 載는 則, 陰은 暮. 해가 저물다.
6) 駭 : 일어서다.
7) 鳴條 : 바람이 일어 울리는 가지.
8) 急絃 : 팽팽히 맨 絃.
9) 亮節 : 高節.
10) 眷我耿介 : 眷은 돌아봄. 耿介는 正直.

1) 惄焉 : 슬픈 모양. 毛詩 : 「我心憂傷, 惄焉如擣」에서 出典.
2) 峙 : 止也.
3) 契闊 : 勤苦. 成騑服 : 항상 서로 따르는 關係.

遊俠篇

張 華

翩翩四公子,[1] 濁世[2]稱賢名. 龍虎相交爭, 七國並抗衡. 食客三千餘, 門下多豪英. 遊說朝夕至, 辯士自縱橫. 孟嘗東出關, 濟身由雞鳴. 信陵西反魏, 秦人不窺兵. 趙勝南詛楚[3], 乃與毛遂行. 黃歇北適秦,[4] 太子還入荆. 美哉遊俠士, 何以尙四卿! 我則異於是,[5] 好古師老彭.[6]

情 詩

張 華

淸風動帷簾, 晨月照幽房. 佳人處遐遠, 蘭室無容光. 襟懷擁虛景,[1] 輕衾覆空牀. 居歡惜夜促, 在慼怨宵長. 撫枕獨嘯歎, 感慨心內傷.

張華(232～300) 字는 茂先·范陽方城(지금의 河北省 固安縣 南쪽) 사람. 博聞强記하여 「博物志」 10卷을 著述, 晉惠帝 때 名望 높은 大臣이었으나 趙王과 孫秀에 의해 殺害됨.

1) 四公子 : 齊의 孟嘗君, 趙의 平原君, 魏의 信陵君, 楚의 春申君을 듦.
2) 濁世稱賢名 : 史記에 太史公曰 : 「平原君翩翩濁世之佳公子也」에서 引用.
3) 趙勝南詛楚 : 趙勝은 趙平原君. 詛 : 저주함.
4) 黃歇北適秦 : 黃歇은 楚의 使節. (春申君傳에 보임)
5) 我則異於是 : 論語 : 「我則異於是, 無可無不可」에서 引用.
6) 老彭 : 老는 老聃, 彭은 彭祖.

1) 襟懷擁虛景 : 회포로 헛된 그림자를 안는다.

飮馬長城窟行[1)]

陳　　琳

飮馬長城窟, 水寒傷馬骨. 往謂長城吏 : 「愼莫稽留太原卒[2)]!」「官作自有程,[3)] 擧築諧汝聲[4)]!」「男兒寧當格鬪死, 何能怫鬱築長城[5)]!」 長城何連連, 連連三千里. 邊城多健少(一作兒), 內舍多寡婦. 作書與內舍 :「便嫁莫留住! 善侍新姑嫜, 時時念我故夫子[6)]!」報書往邊地 : 「君今出語一何鄙[7)]?」「身在禍難中, 何爲稽留他家子[8)]? 生男愼莫擧,[9)] 生女哺用脯.[10)] 君獨不見長城下, 死人骸骨相撑拄[11)]?」「結髮行事君, 慊慊心意關,[12)] 明知邊地苦(一無「明知」二字), 賤妾何能久自全[13)]?」

陳琳(?～217) 字는 孔璋, 廣陵(현재 江蘇省)人. 建安七子의 하나로서 詩 4篇을 남겼음.

---

1) 漢樂府 相和歌의 舊題. 秦의 萬里長城 축성 때의 民苦를 묘사함.
2) 太原 : 秦의 郡名. 지금의 山西省 中部. 稽留 : 오래 머무르게 함.
3) 官作 : 정부(官府)의 工事. 程 : 기한
4) 諧汝聲 : 城을 쌓을 때 소리 맞추어 부르는 勞動歌.
5) 格鬪 : 格鬪.
6) 姑嫜 : 姑章, 시어머니와 시아버지.
7) 鄙 : 거칠고 천함.
8) 他家子 : 다른 집안의 여자.
9) 擧 : 키워서 成人이 되게 하다.
10) 哺 : 음식을 먹여 주다. 脯 : 얇게 저며 말린 고기.
11) 「身在～相撑拄?」: 남편이 다시 妻에게 답하는 말.
12) 關 : 끌어맴.
13) 「結髮～久自全?」: 妻가 다시 그 남편에게 답하는 말.

遊　覽

陳　琳

高會[1]時不娛，羈客難爲心．殷懷[2]從中發，悲感激淸音．投觴罷歡坐，逍遙步長林．肅肅山谷風，黙黙天路陰．惆悵忘旋反，歔[3]欷涕沾襟．

1) 高會：성대한 모임.
2) 殷懷：솟아오르는 생각.
8) 歔欷：흐느끼어 우는 소리.

詠　　懷[1)]

阮　　籍

一

夜中不能寐，起坐彈鳴琴．薄帷鑒明月，[2)] 清風吹我襟．孤鴻號外野，翔鳥鳴北林．[3)] 徘徊將何見？憂思獨傷心．[4)]

二[1)]

嘉樹下成蹊，東園桃與李．[2)] 秋風吹飛藿，零落從此始．[3)] 繁華有憔悴，堂上生荆杞．[4)] 驅馬舍之去，去上西山趾．[5)] 一身不自保，何況戀妻子．凝霜被野草，歲暮亦云已．

阮籍(210～263) 字는 嗣宗，陳留尉氏(지금의 河南尉氏縣) 사람．好學博覽하고 自然을 숭상 끝에 老·莊을 흠모했음．文學上 屈原의 影響을 많이 받았으며，詩格이 높아 正始時代의 最高詩人으로 불리움．

---

1) 詠懷詩：阮籍이 平生 동안 지은 詩 82首의 總題임．
2) 鑒：照
3) 翔鳥：날개 치는 새．
4) 徘徊將何見：孤鴻과 翔鳥와 사람이 모두 잠 못 이루고 徘徊할 때 도무지 무엇이 보이겠는가?

1) 世事에 盛衰가 있으니 避亂之計를 권면함．
2) 嘉樹：桃李를 가리킴．蹊：좁은 길．「史記·李廣傳」에「桃李不言，下自成蹊」를 引用．
3) 藿：藿，콩잎．
4) 荊杞：가시나무와 소태나무 등 雜木．
5) 西山：首陽山．趾：산기슭．

采薪者歌

阮　　籍

一旦爲布衣，枝葉托根柢，死生同盛衰，得志從命升，失勢與時隤,[1] 寒暑代征邁兮.

變化更相推，禍福無常主．何憂身無歸，推玆由斯理，負薪又何哀.

1) 隤：무너짐.

西長安行[1]

傅　　玄

所思兮何在? 乃在西長安. 何用存問妾[2]? 香㲲雙珠環.[3] 何用重存問? 羽爵翠琅玕.[4] 今我兮聞君, 更有兮異心. 香亦不可燒, 環亦不可沈, 香燒日有歇, 環沈日自深.[5]

車遙遙篇[1]

傅　　玄

車遙遙兮馬洋洋,[2] 追思君兮不可忘. 君安游兮西入秦, 願爲影兮隨君身. 君在陰兮影不見,[3] 君依光兮妾所願.[4]

傅玄(218~278) : 字는 休奕. 泥陽(지금의 甘肅省 寧縣 東南)人. 魏·晉 兩代에 걸쳐 剛直하기로 이름났으며 音樂에 精通하여 樂府詩도 썼기 때문에 詩風이 樂府的임. 「傅子」를 남겼음.

---

1) 西長安行 : 漢의 「鐃歌」·「有所思」 篇을 모방한 것임.
2) 存問 : 慰問.
3) 香㲲 : 향료를 감은 毛織의 띠.
4) 羽爵 : 참새 모양의 술잔.
5) 有 : 「自」의 誤字인 듯함. 歇 : 銷耗.

1) 車遙遙篇 : 離別의 그리움을 쓴 것. 「樂府詩集」은 이를 雜曲歌辭에 編入.
2) 遙遙 : 멀리 가는 모양. 洋洋 : 느린 모양.
3) 陰 : 光과 對를 이룸.
4) 光 : 밝은 곳. 여기서 光은 光明正大를 비유함.

招 隱[1]

左 思

杖策招隱士,[2] 荒塗橫古今.[3] 巖穴無結構,[4] 丘中有鳴琴. 白雲(一作雪) 停陰岡,[5] 丹葩曜陽林.[6] 石泉漱瓊瑤,[7] 纖鱗或浮沈. 非必絲與竹, 山水有淸音. 何事待嘯歌? 灌木自悲吟.[8] 秋菊兼餱糧,[9] 幽蘭間重襟.[10] 躊躇足力煩, 聊欲投吾簪.[11]

左思(250~305) : 齊나라 臨淄(지금의 山東 臨淄) 사람. 용모가 醜하고 말을 더듬거렸지만 10年을 구상한 끝에 「三都賦」를 지음. 漢魏詩를 이어 諷諭가 있으며 意氣가 豪邁하고 雕琢하지 않는 특색이 있었음.

---

1) 招隱詩는 대개 隱居를 노래했음. 이 詩는 隱士를 찾아갔다가 그 生活을 美慕하여 드디어 隱居할 결 決心함.
2) 杖策 : 나뭇가지로 지팡이를 삼다의 뜻. 招 : 尋(찾음).
3) 橫 : 塞(막힘)
4) 無結構 : 집을 짓지 아니함.
5) 陰 : 山의 북쪽. 岡 : 산등성이. 이 句는 「世說新語·任誕」篇注의 「白雪停陰岡」을 引用.
6) 丹葩 : 붉은 꽃. 陽林 : 山의 남쪽 숲.
7) 漱 : 물이 사무침.
8) 非必絲與竹, 山水有淸音. 何事待嘯歌? 灌木自悲吟 : 以上 四句는 山中의 돌·물·바람·나무 등의 소리가 모두 音樂을 이룸을 말함.
9) 餱糧 : 양식. 옛 사람들은 菊花를 먹으면 長壽한다고 믿었음.
10) 幽蘭間重襟 : 옷고름에 난초를 달아둠. 間 : 섞임.
11) 投簪 : 官職을 내던짐.

詠 史 詩[1]

左　思

一

弱冠弄柔翰,[2] 卓犖觀羣書,[3] 著論準過秦,[4] 作賦擬子虛.[5] 邊城苦鳴鏑,[6] 羽檄飛京都,[7] 雖非甲冑士, 疇昔覽穰苴.[8] 長嘯激淸風, 志若無東吳. 鉛刀貴一割,[9] 夢想騁良圖, 左眄澄江湘,[10] 右盼定羌胡. 功成不受爵, 長揖歸田廬.

---

1) 左思의 「詠史詩」는 모두 八首. 古人의 古事뿐만 아니라 自身의 懷抱도 그렸음. 그 첫째 首는 兵書를 읽어 邊方의 平定을 꾀했음.

2) 弱冠 : 20歲. 柔翰 : 붓.

3) 卓犖 : 탁월함.

4) 過秦 : 賈誼의 「新書」中의 一篇.

5) 子虛 : 司馬相如가 지은 賦의 이름.

6) 鳴鏑 : 쏘면 공기에 부딪쳐 소리가 나게 만든 화살. 曹植의 「名都篇」에서 보임.

7) 羽檄 : 羽書 아주 급한 뜻을 표시하기 위해 새의 깃털을 꽂은 檄文. 曹植의 「白馬篇」에서 보임.

8) 疇昔 : 예전. 穰苴 : 春秋時代 齊나라 사람. 姓은 田氏, 벼슬은 大司馬, 軍事를 잘 다스림. 여기서는 「司馬穰苴兵法」의 簡稱.

9) 鉛刀一割 : 漢의 班超 上疏 속의 成語인데, 자기의 鈍才를 무딘 칼에 비유.

10) 澄江湘 : 東吳를 平定함.

二[1]

鬱鬱澗底松，離離山上苗，[2] 以彼徑寸莖，蔭此百尺條.[3] 世胄躡高位，[4] 英俊沈下僚，地勢使之然，由來非一朝. 金張藉舊業，[5] 七葉珥漢貂，[6] 馮[7]公豈不偉? 白首不見招.[8]

1) 才能이 있음에도 불구하고 出身이 미천한 사람이 제약을 받는 不平現象을 풍자한 詩.
2) 離離 : 축 처진 모양. 苗 : 처음 난 草木.
3) 蔭 : 가림. 以上에서 山上의 小苗는 鈍才면서도 權勢를 갖는 사람을, 澗底의 高松은 才能은 있으나 下位職에 屈身함을 비유.
4) 世胄 : 世家의 子弟.
5) 金張 : 金日磾과 張安世 모두 漢宣帝 때의 大官. 舊業 : 先人의 遺業.
6) 七葉 : 七世. 珥貂 : 갓가에 담비의 꼬리로 장식하는 高官을 말함.
7) 馮公 : 漢文帝 때 사람 馮唐으로 文帝에게 當時 法律의 苛酷性을 지적. 偉 : 奇異.
8) 不見招 : 登用되지 못함.

悼亡詩[1)]

潘　　岳

荏苒冬春謝,[2)] 寒暑忽流易.[3)] 之子歸窮泉, 重壤永幽隔.[4)] 私懷誰克從? 淹留亦何益. 僶俛恭朝命.[5)] 迴心反初役.[6)] 望廬思其人, 入室想所歷. 幃屛無髣髴,[7)] 翰墨有餘跡. 流芳未及歇, 遺挂猶在壁.[8)] 悵怳如或存,[9)] 回遑忡驚惕.[10)] 如彼翰林鳥,[11)] 雙棲一朝隻, 如彼游川魚, 比目中路析.[12)] 春風緣隟來,[13)] 晨霤承簷滴.[14)] 寢息何時忘, 沈憂日盈積. 庶幾有時衰,[15)] 莊缶猶可擊.[16)]

潘岳(247~300) : 字는 安仁. 中牟(지금의 河南省 中牟縣 東쪽) 사람. 어려서 才華를 떨쳤고 惠帝 때엔 趙王을 도와 政事를 펴다가 謀害당함. 抒情的인 詩賦와 祭文에 能했음.

---

1) 「悼亡詩」 三首 中의 第一首. 아내를 葬事지내고 赴任할 때의 情景을 叙述함.
2) 荏苒 : 세월이 천연함. 謝 : 去.
3) 流易 : 變遷함.
4) 之子 : 그 사람(죽은 妻를 가리킴). 窮泉 : 地下.
5) 僶俛 : 부지런히 힘씀.
6) 迴心 : 轉念함. 反初役 : 任地로 돌아감.
7) 髣髴 : 彷彿과 같음. 「漢書·外戚傳」에 「李夫人早卒, 方士齊少翁言能致其神, 乃夜張燈燭, 設幃帳, 令帝居他帳中, 遙望見好女如李夫人之狀, 不得就視.」라 하였는데, 여기서는 漢武帝가 李夫人을 보듯 作者가 亡妻와 흡사한 환영을 보지 못함을 말함.
8) 遺挂 : 亡妻의 筆墨遺迹.
9) 悵怳 : 恍忽함.
10) 回遑 : 遑은 惶, 惶恐함. 忡 : 憂와 같음. 惕 : 懼와 같음.
11) 翰 : 飛.
12) 析 : 나뉨.
13) 隟 : 隙의 古字.

思子詩

潘　岳

造化甄品物[1], 天命代虛盈.[2] 奈何念稚子, 懷奇隕幼齡. 追想存髣髴, 感道傷中情. 一往何時還, 千載不得生.

---

14) 霤 : 낙수물.

15) 庶幾 : 바라건대.

16) 莊缶 : 戰國 때 莊周의 물동이. 〔莊子至樂篇엔 莊子가 喪配하자 瓦盆(물동이 같은 樂器)을 치며 죽음을 達觀했다고 함.〕

1) 甄品物 : 만물의 優劣을 判定함.

2) 虛盈 : 비고 참. 榮枯盛衰와 같은 뜻.

歸田園居[1)]

陶 淵 明

一

少無適俗韻,[2)] 性本愛丘山. 誤落塵網中,[3)] 一去三十年.[4)] 羈馬戀舊林, 池魚思故淵. 開荒南野際, 守拙歸田園. 方宅十餘畝, 草屋八九間, 楡柳蔭後簷, 桃李羅堂前. 曖曖遠人村,[5)] 依依墟里煙.[6)] 狗吠深巷中, 雞鳴桑樹顚. 戶庭無塵雜, 虛室有餘閒. 久在樊籠裏, 復得返自然.

二[1)]

種豆南山下,[2)] 草盛豆苗稀. 晨興理荒穢, 帶月荷鋤歸.[3)] 道狹草木長, 夕露沾我衣, 衣沾不足惜, 但使願無違.[4)]

陶淵明(365～427) : 一名 陶潛, 字는 元亮. 潯陽柴桑(지금의 江西省德化縣西南쪽) 사람. 그의 父祖가 太守를 지냈었지만, 그는 몇 차례의 小官을 잠시 지낸 적이 있을 뿐, 거의 隱居와 躬耕으로 一生을 마침. 그의 詩는 田園生活과 自然의 歸依로 一貫돼 後世에 代表的 田園詩人으로 불리움.

---

1) 모두 五首. 晉 安帝 義熙 元年 11月 彭澤令을 辭任하고 田園으로 돌아간 이듬해 쓴 것으로 보임. 第一首는 벼슬을 던지고 田園에 사는 것이 本性에 맞음을 自述.
2) 適俗 : 世俗에 適合함. 韻 : 風度.
3) 塵網 : 俗世의 속박.
4) 三十年 : ① 十三年의 誤記로 보임. (初仕에서 彭澤令을 辭職하기까지 13年이 지남) ② 「三」이 「已」의 誤記로 보임.
5) 曖曖 : 침침한 모양.
6) 依依 : 가볍고 부드러운 모양. 墟里 : 촌락.

1) 田園生活을 묘사함.
2) 南山 : 廬山을 가리킴(江西省 九江府에 있는 名山)
3) 帶月 : 戴月이라고도 함.
4) 願無違 : 所願(隱居田園)이 어긋나지 않음.

飮 酒 并序

陶 淵 明

一[1]

余閒居寡歡, 兼比(一作秋) 夜已長,[2] 偶有名酒, 無夕不飮. 顧影獨盡, 忽焉復醉. 旣醉之後, 輒題數句自娛 ; 紙墨遂多, 辭無詮次.[3] 聊命故人書之, 以爲歡笑爾.

衰榮無定在, 彼此更共之. 邵生瓜田中, 寧似東陵時.[4] 寒暑有代謝,[5] 人道每如玆. 達人解其會,[6] 逝將不復疑.[7] 忽與一觴酒, 日夕歡相持.

二[1]

結廬在人境,[2] 而無車馬喧. 問君何能爾, 心遠地自偏. 採菊東籬下, 悠然見南山. 山氣日夕佳,[3] 飛鳥相與還. 此中有眞意, 欲辯已忘言.[4]

---

1) 모두 20首가 있음. 第一首는 人間盛衰를 達觀하여 쓴 詩.
2) 比 : 近의 뜻.
3) 詮次 : 選擇 或은 순서.
4) 邵生 : 邵平을 말함.
5) 代謝 : 새 것이 와서 묵은 것을 대신함.
6) 解其會 : 理致를 깨달아 앎.
7) 逝 : 發語辭.

1) 飮酒詩의 第五首 : 安貧樂道의 「眞意」를 說明함.
2) 人境 : 사람들이 居住하는 곳.
3) 日夕 : 黃昏이 될 무렵.
4) 此中有眞意, 欲辯已忘言 : 大自然의 啓示 속에 眞意를 얻었으니, 이를 說明할 수도 說明할 필요도 없다는 뜻.

讀山海經[1]

陶 淵 明

孟夏草木長，遶屋樹扶疏.[2] 衆鳥欣有託，吾亦愛吾廬. 旣耕亦已種，時還讀我書. 窮巷隔深轍，頗迴故人車.[3] 歡言酌春酒,[4] 摘我園中蔬. 微雨從東來，好風與之俱. 汎覽周王傳,[5] 流觀山海圖.[6] 俯仰終宇宙，不樂復何如.

擬 古[1]

陶 淵 明

種桑長江邊，三年望當采，枝條始欲茂,[2] 忽植山河改. 柯葉自摧折，根株浮滄海,[3] 春蠶旣無食，寒衣欲誰待! 本不植高原，今日復何悔.

---

1) 山海經 : 古代神話·傳說 등 기괴한 이야기를 실은 18卷으로 된 作者未詳의 책. 漢의 劉歆이 校定, 晉의 郭璞이 注를 붙이고 圖讚하였음. 「讀山海經」은 모두 13首, 第1首는 隱居의 한가함과 讀書하는 즐거움을 그린 것.
2) 扶疏 : 草木의 枝葉이 무성한 모양.
3) 窮巷隔深轍, 頗迴故人車 : 居處가 궁벽하여 수레가 오가질 않으니, 친구의 수레를 돌아가게 하네.
4) 歡言 : 異本엔 「歡然」.
5) 周王傳 : 「穆天子傳」을 말함.
6) 山海圖 : 「山海經」圖를 말함.

1) 擬古 : 옛날의 故事나 文體를 본떠서 쓰는 詩인데 모두 9首, 그 중 마지막 작품. 「뽕심기로 사람의 거동이 不愼하면 後悔를 낳는다」는 뜻을 비유했음.
2) 始 : 비로소.
3) 滄海 : 東海를 가리킴.

諸人共游周家墓柏下[1]

今日天氣佳，淸吹與鳴彈，[2] 感彼柏下人，安得不爲歡．[3] 淸歌散新聲，綠酒開芳顔，未知明日事，余襟良以殫．[4]

雜　　詩[1]

陶　淵　明

人生無根蒂，飄如陌上塵，分散逐風轉，此已非常身．落地爲兄弟，何必骨肉親? 得歡當作樂，斗酒聚比鄰．盛年不重來，一日難再晨，及時當勉勵，歲月不待人!

雜　　詩[2]

陶　淵　明

白日淪西阿，[3] 素月出東嶺，遙遙萬里輝，蕩蕩空中景．風來入房戶，夜中枕席冷，氣變悟時易，不眠知夕永．欲言無予和，揮杯勸孤影．日月擲人去，有志不獲騁，[4] 念此懷悲悽，終曉不能靜．

---

1) 諸人共渤周家墓柏下：季節의 行樂을 그렸음.
2) 淸吹：管樂을 가리킴. 鳴彈：絃樂을 가리킴.
3) 柏下人：죽어서 墓에 묻힌 사람.
4) 襟：心懷，殫：盡.

1) 雜詩十二首 中의 첫째 首로 인간의 及時行樂을 말했음.
2) 雜詩 十二首 中의 둘째 首. 時節이 변하여 가도 아무 것도 이루지 못한 허무한 悲哀로 잠 못 이루며 한밤을 지새우는 것을 그림.
3) 西阿：東嶺과 對가 됨. 阿：大陵.
4) 騁：신장함.

南·北朝詩

《南・北朝詩》(宋詩)

代東門行[1]

鮑　照

傷禽惡弦驚,[2] 倦客惡離聲.[3] 離聲斷客情, 賓御皆涕零.[4] 涕零心斷絕, 將去復還訣.[5] 一息不相知,[6] 何况異鄕別. 遙遙征駕遠, 杳杳白日晚. 居人掩閨臥, 行子夜中飯. 野風吹草(一作秋)木, 行子心腸斷, 食梅常苦酸, 衣葛常苦寒.[7] 絲竹徒滿坐, 憂人不解顏.[8] 長歌欲自慰, 彌起長恨端.[9]

鮑照(415~470) : 字는 明遠, 東海(지금의 山東省 郯城縣西南쪽) 사람. 벼슬은 國侍郞. 中書舍人에 이름. 詩風이 勁健하고 精鍊된 言語와 華麗한 詞采로 七言詩를 發展시키는 데 공이 큼.

---

1) 「東門行」: 古樂府 相和歌. 代 : 擬(본뜸). 이것은 나그네의 향수를 묘사했음. 前半은 이별을, 後半은 客中을 묘사.
2) 「傷禽惡弦驚」: 「戰國策・楚策」의 更嬴의 故事를 引用. 更嬴이 슬피 울며 천천히 나는 새를 空弓으로 쏘아 죽이자, 스스로 해석하길 외로움 때문에 悲鳴하다가 떨어졌거나, 以前에 입었던 상처가 심하여 땅에 떨어졌다고 간주하곤, 활 당기는 소리를 싫어했다고 함.
3) 離聲 : 이별가의 소리.
4) 賓 : 送別하는 사람. 御 : 수레를 타고 가는 사람.
5) 訣 : 이별함.
6) 一息 : 한순간.
7) 食梅常苦酸, 衣葛常苦寒 : 나그네의 괴롭고 고달픔을 말함.
8) 解顏 : 입을 벌리고 웃음. 陶淵明의 「癸卯歲始春懷古田舍」에서 볼 수 있음.
9) 彌 : 오히려 더욱.

發後渚[1]

鮑　照

江上氣早寒，仲秋始霜雪.[2] 從軍乏衣糧，方冬與家別. 蕭條背鄉心，悽愴淸渚發. 涼埃晦平皐,[3] 飛潮隱修樾.[4] 孤光獨徘徊,[5] 空煙視昇滅. 塗隨前峯遠，意逐後雲結. 華志分馳年,[6] 韶顏慘驚節.[7] 推琴三起歎，聲爲君斷絕.

1) 初多에 行役을 나가는 처량함을 묘사한 詩. 後渚：建業城 밖의 江上.
2) 始：初의 뜻.
3) 皋：물가의 땅(臯)
4) 修樾：길게 드리워진 나무 그늘.
5) 孤光：해를 가리킴. 孤光獨徘徊：빈 강이 적막하니 오로지 해 그림자만이 외롭네.
6) 華志：아름다운 뜻.
7) 韶：美.

七 里 瀨[1]

謝 靈 運

羈心積秋晨，晨積展游眺．孤客傷逝湍，[2] 徒旅苦奔峭．[3] 石淺水潺湲，[4] 日落山照曜．荒林紛沃若，[5] 哀禽相叫嘯．遭物悼遷斥，[6] 存期得要妙．[7] 旣秉上皇心，[8] 豈屑末代誚[9]? 目覩嚴子瀨，[10] 想屬任公釣．[11] 誰謂古今殊? 異代可同調．[12]

謝靈運(385~433)：陳郡陽夏 사람. 謝玄의 孫子. 晉나라 때는 康樂公에 封해졌다가 宋에 들어 侯가 되었음. 그의 詩는 대개 山水의 묘사인 바 工妙가 지나친 흠이 있으나 代表的인 山水詩人으로 불리움.

---

1) 瀨：모래 위를 흐르는 여울. 七里瀨：浙江省 桐廬縣 富春江에 있음. 이 詩는 旅程의 고달픔과 荒涼한 풍경으로 귀양가는 自身의 고충을 토로.

2) 逝湍：빠르게 흐르는 물. 「論語·子罕」의 「子在川上曰：逝者如斯夫，不舍晝夜」의 뜻을 응용.

3) 奔：허물어짐. 峭：가파른 언덕.

4) 潺湲：졸졸 흐르는 모양.

5) 沃若：① 무성한 모양 ② 부드럽고 윤이 흐르는 모양.

6) 物：황량한 수풀이나 새를 가리킴. 遷斥：귀양.

7) 期：바램. 要妙：정묘함.

8) 上皇：伏羲氏를 가리킴. 秉上皇心：上古時代 사람의 마음을 잡아 지킴.

9) 屑：돌아봄. 末代：亂世. 誚：꾸짖음.

10) 嚴子瀨：嚴陵瀨. 東漢時代 嚴光이 낚시를 하였던 곳. 嚴光이 어렸을 적 同學하였던 劉秀가 帝位에 오르자 벼슬을 마다하고 富春山에 隱居하여 낚시와 경작으로 일생을 마침.

11) 任公釣：「莊子·外物」篇 寓言에 任公子가 50마리 소로 낚싯밥을 만들어 東海에서 낚시하다가 1年後에야 비로소 大魚를 낚았다 함.

12) 異代可同調：自己가 비록 嚴光의 時代와 다르나 意志는 投合한다는 뜻.

登江中孤嶼[1]

謝 靈 運

江南倦歷覽，江北曠周旋.[2] 懷新道轉迴,[3] 尋異景不延.[4] 亂流趨孤嶼,[5] 孤嶼媚中川.[6] 雲日相暉映，空水共澄鮮. 表靈物莫賞,[7] 蘊眞誰爲傳.[8] 想像崑山姿,[9] 緬邈區中緣.[10] 始信安期術,[11] 得盡養生年.

石壁精舍還湖中作[1]

謝 靈 運

昏旦變氣候，山水含淸暉. 淸暉能娛人，游子憺忘歸.[2] 出谷日尙早，入舟陽已微.[3] 林壑斂暝色，雲霞收夕霏.[4] 芰荷迭映蔚,[5] 蒲稗

---

1) 謝靈雲이 永嘉江의 江心에 있는 섬을 노닐며 쓴 詩.
2) 曠 : 오래.
3) 懷新道轉迴 : 새로운 풍경을 탐하니 길이 오히려 멀음.
4) 尋異景不延 : 기이한 경치를 탐하니 시간이 빠름을 한함.
5) 亂流 : 하천을 바로 건넘. 亂은 截(자름).
6) 媚 : 요염하게 아름다움. 中川 : 川中.
7) 表 : 나타냄. 靈 : 神異.
8) 眞 : 仙人. 蘊 : 숨김.
9) 崑山 : 神仙이 산다는 傳說의 山(崑崙山)
10) 緬邈 : 요원함. 區中緣 : 俗世의 因緣.
11) 安期生 : 神仙의 이름. (列仙傳 참고)

1) 石壁서 湖水까지 遊覽한 風景과 情趣를 그림.
2) 憺 : 편안함.
3) 陽 : 햇빛. 微 : 어둠.
4) 霏 : 구름이 이는 모양.
5) 蔚 : 鬱과 通用.

相因依.[6] 披拂趨南徑,[7] 愉悅偃東扉.[8] 慮澹物自輕,[8] 意愜理無違,[10] 寄言攝生客,[11] 試用此道推.

夜宿石門詩[1]

謝　靈　運

朝搴苑中蘭,[2] 畏彼霜下歇.[3] 暝還雲際宿, 弄此石上月. 鳥鳴識夜棲, 木落知風發. 異音同至聽,[4] 殊響俱淸越.[5] 妙物莫爲賞,[6] 芳醑誰與伐[7]? 美人竟不來, 陽阿徒晞髮.[8]

---

6) 稗 : 피.
7) 披拂 : 시원하게 바람을 일으킴.
8) 偃 : 息의 뜻.
9) 慮澹物自輕 : 思想이 澹泊하면 外物은 저절로 가벼이 여김.
10) 愜 : 만족함.
11) 攝生客 : 生命을 保養하는 사람.

1) 石門 : 지금의 浙江省 嵊縣 境界에 있음. 靈運이 그곳에 別莊을 지었음. 「山居賦」에서 南北으로 兩居하였다 하니 石門에 있을 때가 南居한 것임.
2) 搴 : 取와 같은 뜻.
3) 歇 : 다함.
4) 異音同至聽 : 새소리와 바람소리가 함께 귀에 들림.
5) 淸越 : 소리가 맑고 가락이 높음.
6) 妙物 : 위에 말한 雲 · 石 · 月 · 鳥 · 木 · 風 等.
7) 醑 : 美酒. 伐 : 자랑함.
8) 美人竟不來, 陽阿徒晞髮 : 「楚辭 · 九歌」의 「望美人兮未來」와 「晞汝髮兮陽之阿」를 引用. 陽 : 山의 南쪽. 阿 : 언덕. 晞 : 마르다.

過始寧墅[1)]

謝 靈 運

束髮懷耿介,[2)] 逐物遂惟遷, 違志似如昨, 二紀[3)]及玆年. 緇磷[4)]謝清曠, 疲薾[5)]慙貞堅. 拙疾[6)]相倚薄, 還得靜者便. 剖竹守滄海,[7)] 枉帆過舊山,[8)] 山行窮登頓,[9)] 水涉盡洄沿.[10)] 巖峭嶺稠疊, 洲縈渚連綿. 白雲抱幽石, 綠篠[11)]媚清漣. 葺宇臨迴江, 築觀基曾巓[12)]. 揮手告鄕曲, 三載期歸旋；且爲樹枌檟,[13)] 無令孤願言.

1) 始寧墅：靈運의 父祖墓와 舊宅 및 別莊이 있는 곳.
2) 懷耿介：벼슬이 싫음.
3) 二紀：一紀는 12年.
4) 緇磷：때가 묻어 검어짐과 닳아서 얇아짐. 論語의 「不曰堅乎? 磨而不磷. 不曰白乎? 涅而不緇」를 참고.
5) 疲薾：莊子의 「薾然疲而不知所歸」를 참고. 극도로 피곤함.
6) 拙疾相倚薄：拙은 拙宦也, 薄은 相附也.
7) 守滄海：(永嘉가 바다에 임하여 있음.)
8) 枉帆過舊山：굽어진 帆船으로 옛집을 지나침.
9) 登頓：上下.
10) 洄沿：逆流를 洄, 順流를 沿이라 함.
11) 篠：잔대.
12) 曾巓：曾은 層과 통함.
13) 枌檟：느릅나무와 개오동나무. 모두 雜木類.

晩出西射堂[1)]

謝 靈 運

步出西城門, 遙望城西岑. 連障疊巘崿,[2)] 靑翠杳深沈. 曉霜楓葉丹, 夕曛[3)]嵐氣陰. 節往感不淺, 感來念已深. 覊雌戀舊侶, 迷鳥懷故林. 含情尙勞愛,[4)] 如何離賞心? 撫鏡華緇鬢[5)], 攬帶緩促衿. 安排徒[6)]空言, 幽獨賴鳴琴.

---

1) 西射堂 : 溫州 西南에 있음. 지금의 西山寺 자리.
2) 巘崿 : 벼랑.
3) 曛 : 황혼
4) 含情尙勞愛 : (새가) 情을 머금고 오히려 사랑할 줄 알거늘,
5) 華緇鬢 : 검은 머리가 하얗게 됨.
6) 安排 : 변화에 순응함.

阮步兵(五 君 詠[1])

顔 延 之

阮步兵

阮公雖淪跡,[2] 識密鑒亦洞.[3] 沈醉似埋照,[4] 寓辭類託諷.[5] 長嘯[6]若懷人, 越禮[7]自驚衆. 物故[8]不可論, 途窮[9]能無慟!

顔延之(384～456) : 字는 延年, 琅琊臨沂(지금의 山東省 臨沂縣 北쪽) 사람. 詩의 雕詞鍊句가 뛰어났고 故事를 많이 사용.

---

1) 五君詠 : 顔延之가 竹林七賢 중의 阮步兵(阮籍), 嵇中散(嵇康), 劉參軍(劉伶), 阮始平(阮咸), 向常侍(向秀) 등 다섯 사람을 읊었음. 그 중 阮籍과 嵇康에게 주는 두 편을 골랐음.
2) 淪跡 : 踪跡이 없어짐.
3) 鑒 : 照(관찰하여 식별함). 洞 : 深의 뜻.
4) 埋照 : 韜光(才識이 있으나 감춤).
5) 寓詞類託風 : 詠懷詩를 가리켜 말한 것.
6) 嘯 : 휘파람 붊. 「魏氏春秋」에 「阮籍이 어렸을 때 蘇門山에 놀러가서 그곳에 隱居하는 사람을 만나 太古의 無爲之道와 三皇五帝를 論하며 서로 和答하여 부는 휘파람 소리가 마치 鸞鳳의 音이었다」고 함.
7) 越禮 : 禮敎에 구속되지 않음. (晋陽秋를 참고)
8) 物故 : 世上 까닭.
9) 塗窮 : 막다른 길.

嵇中散[1)]

顏 延 之

中散不偶世,[2)] 本自餐霞人.[3)] 形解驗默仙,[4)] 吐論知凝神.[5)] 立俗迕流議,[6)] 尋山洽隱淪.[7)] 鸞翮有時鎩,[8)] 龍性誰能馴.[9)]

1) 嵇康을 읊음, 「五君詠」의 第 2 篇. 康이 中散大夫를 수여받았음.
2) 不偶世 : 世俗과 어울리지 아니함.
3) 餐霞人 : 神仙.
4) 形解 : 神仙으로 化함. 육체가 와해됨.
5) 吐論 : 嵇康이 지은 「養生論」을 말함. 凝神 : 精神修養에 達한 境地. 「莊子 · 逍遙遊」에 「藐姑射之山有神人居焉, 其神凝」에서 引用.
6) 立俗迕流議 : 世俗에 살면서도 言行은 世俗에 맞지 않은 見解.
7) 洽隱淪 : 隱士와 서로 친함. 嵇康이 藥을 캐러 入山해서 돌아올 줄 모른 채 隱者와 같이 놂.
8) 鎩 : 쇠잔한 깃털.
9) 龍性誰能馴 : 「晉書 · 嵇康傳」에 「嵇康臥龍也, 不可起」를 참고.

〈齊　詩〉

落日悵望[1)]

謝　　　　朓

昧旦多紛喧,[2)] 日晏未遑舍.[3)] 落日餘淸陰, 高枕東窗下. 寒槐漸如東, 秋菊行當把. 借問此何時? 凉風懷朔馬.[4)] 已傷歸暮客,[5)] 復思離居者. 情嗜幸非多, 案牘偏爲寡. 旣乏琅琊政,[6)] 方憇雒陽社.[7)]

謝朓(464～499) : 字는 玄暉, 陳郡 陽夏 사람. 벼슬은 齊나라 中書吏部郞에 오름. 永元(齊 東昏侯의 年號)初 遙光의 회유를 뿌리쳐 獄死함. 詩의 風格이 탁월하였으니, 所謂 「新變體」는 이미 唐風이 있어, 五言詩의 律化에 영향이 컸음.

---

1) 落日悵望 : 晩秋의 黃昏에 故鄕과 친구를 그리워함.
2) 昧旦 : 먼동이 틀 때.
3) 舍 : 止와 같은 뜻.
4) 「借問此何時? 凉風懷朔馬」는 張協의 「雜詩」 中에 「借問此何時? 蝴蝶飛南園」이나 李白의 「借問此何時? 春風語流鶯」을 모방.
5) 歸暮 : 늦게 돌아감.
6) 案牘 : 官衙의 문서. 琅琊 : 山東省에 있는 地名. 「後漢書 · 張宗傳」에 「宗字諸君, 南陽 魯陽人也. 遷琅琊相, 其政好嚴猛, 敢殺伐」이라 함.
7) 憇 : 憩. 雒 : 洛. 「晉書 · 董京傳」에 「京字威輦, 初與隴西計吏俱至洛陽, 被髮而行, 逍遙吟詠, 常宿白社中」이라 하였음.

游東田[1]

謝　朓

戚戚苦無悰,[2] 攜手共行樂.[3] 尋雲陟累榭,[4] 隨山望菌閣.[5] 遠樹曖阡阡,[6] 生煙紛漠漠.[7] 魚戲新荷動. 鳥散餘花落. 不對芳春酒, 還望青山郭.[8]

玉階怨[1]

謝　朓

夕殿下珠簾. 流螢飛復息. 長夜縫羅衣, 思君此何極[2]?

---

1) 이것은 東田(齊나라 惠文太子가 鍾山 밑에 세운 樓館)을 유람할 때 초여름 풍경을 그린 것임.
2) 悰 : 즐거워함.
3) 行樂 : 東田을 유람함.
4) 榭 : 臺 위에 있는 정자.
5) 菌閣 : 高閣의 모양이 큰 버섯과 같아 나온 말. 累榭·菌閣은 모두 「楚辭」에 보이니, 山莊을 가리킴.
6) 曖 : 희미함. 阡阡 : 초목이 무성한 모양. (芊芊)
7) 漠漠 : 자욱한 모양.
8) 靑山郭 : 靑山 근처의 城郭.

1) 玉階怨 : 宮怨詩, 「樂府詩集」에 수록된 相和歌辭 楚調曲.
2) 何極 : 無窮함.

〈梁　詩〉

新安江至清淺深見底貽京邑同好[1]

沈　約

眷言訪舟客,[2] 玆川信可珍. 洞澈隨清淺, 皎鏡無冬春.[3] 千仞寫喬樹, 百丈見游鱗.[4] 滄浪有時濁,[5] 清濟涸無津.[6] 豈若乘斯去, 俯映石磷磷. 紛吾隔囂滓, 寧假濯衣巾[7]? 願以潺湲水, 霑君纓上塵.[8]

沈約(441～512) : 字는 休文, 吳興武康(지금의 浙江省 武康縣) 사람. 羣籍에 널리 通하여 宋·齊·梁 三代에 걸쳐 벼슬하였고, 詩의 聲病을 처음으로 提唱하였음.

---

1) 作者가 京師를 떠나 東陽으로 갈 때 新安江의 맑은 물에 沈醉, 俗世를 멀리하려는 생각. 新安江 : 安徽省 婺源縣 西北쪽 率山에서 發源하여 浙江으로 흐르는 강.
2) 眷言 : 뒤돌아보는 모양. (睠然과 같음)
3) 洞澈隨清淺, 皎鏡無冬春 : 深淺과 冬春을 막론하고 언제나 투명함.
4) 千仞寫喬樹, 百丈見游鱗 : 千仞이나 큰 喬木도 물 밑에 그림자를 드리우고 百丈이나 깊은 곳에서 노는 물고기도 볼 수 있네. 吳均의 「與朱元思書」에 「水皆縹碧, 千丈見底, 游魚細石, 直視無礙」라고 한 것과 비슷한 광경.
5) 滄浪 : 「水經·沔水注」에 「武當縣西北漢水中有洲名滄浪洲, 水曰滄浪水」라 하였고 「孟子·離婁」에 「滄浪之水清兮, 可以濯吾纓 ; 滄浪之水濁兮, 可以濯吾足」이라 하였음.
6) 濟 : 濟水, 河南省 王屋山에서 發源. 「戰國策」에 「齊에는 맑은 濟水와 濁한 黃河가 있다」고 하였음.
7) 囂滓 : 囂塵.
8) 纓上塵 : 벼슬아치의 먼지.

別范安成[1]

沈　約

生平少年日, 分手易前期, 及爾同衰暮, 非復別離時. 勿言一樽酒, 明日難重持. 夢中不識路,[2] 何以慰相思.

---

1) 范安成 : 이름은 岫, 字는 樊賓. 齊나라 때 安成內史를 지냄.
2) 夢中不識路, 何以慰相思 : 韓非子의 「六國時, 張敏與高惠二人爲友, 每相思不能得見, 敏便於夢中往尋, 但行至半道, 郞迷不知路, 遂回」같은 故事를 引用.

古離別[1)]

江　淹

遠與君別者, 乃至雁門關. 黃雲蔽千里,[2)] 游子何時還? 送君如昨日, 檐前露已團. 不惜蕙草晩, 所悲道里寒.[3)] 君在天一涯, 妾身長別離. 願一見顏色, 不異瓊樹枝.[4)] 菟絲及水萍, 所寄終不移.[5)]

赤亭渚[1)]

江　淹

吳江泛丘墟, 饒桂復多楓. 水夕潮波黑, 日暮精氣紅, 路長寒光盡,[2)] 鳥鳴秋草窮. 瑤水雖未合,[3)] 珠霜竊過中.[4)] 坐識時序晏, 臥視歲陰空. 一傷千里極, 獨望淮海風. 遠心何所類? 雲邊有征鴻.

江淹(444～505) : 字 文通, 濟陽考城(지금의 河南省 考城縣) 사람. 性品이 조용하고 好學하여 司馬相如와 梁鴻을 본받았으며 宋齊 詩人 中엔 鮑照와 가까움.

---

1) 「雜體」 30首 中의 하나로 出征 중인 남편을 그리워함을 묘사.
2) 黃雲 : 먼지가 구름처럼 누렇게 일어남. 謝靈運의 「擬鄴中集」詩에 「河洲多沙塵, 風悲黃雲起」와 비슷.
3) 不惜蕙草晩, 所悲道里寒 : 세상이 서러운 것은 안타깝지 않지만, 멀리 떨어져 있는 게 슬프다는 뜻.
4) 瓊樹枝 : 瓊은 美玉. 玉樹는 神仙이 사는 山의 나무.
5) 菟絲及水萍, 所寄終不移. 菟絲 : 딴 식물에 寄生하는 일년생 풀(새삼). 菟絲와 萍蘋은 각각 나무와 물에 寄生하면서 옮기지 않으니, 이로써 忠貞에 비유함.

1) 赤亭 : 錢塘 西南 50里에 定山이 있고, 定山의 東 10餘里에 赤亭이 있음.
2) 路長寒光盡 : 길은 멀고 날은 저물다.
3) 瑤水雖未合 : 물은 비록 아직 結氷되지 않았지만….
4) 珠霜竊過中 : 서리는 바야흐로 내리고 있음.

酬范記室雲[1)]

何 遜

林密戶稍陰，草滋階欲暗．風光蕋上輕，[2)] 日色花中亂．相思不獨懽，佇立空爲歎．清談莫共理，繁文徒可玩．高唱子自輕，[3)] 繼音予可憚[4)]？

相 送[1)]

何 遜

客心已百念，[2)] 孤遊重千里．[3)] 江暗雨欲來，浪白風初起．

何遜(？～518)：字는 仲言，東海郯(지금의 山東省 郯城縣의 西쪽) 사람．范雲은 그를 稱하여「能含淸濁．中今古」(淸濁을 융화하고，古今을 中和함)라 하였음．集 7 卷이 있음．

---

1) 范雲의 詩에 보답하여 지은 詩(范雲이 齊나라 竟陵王의 記室參軍이었음．그의 詩題는「貽何秀才」였으니 이때 何遜의 나이 弱冠이었음)
2) 風光：바람에 나부끼는 草木의 경치．蕋：꽃술．
3) 高唱：范雲이 詩를 지어 준 것을 말함．
4) 繼音：范詩에 答함을 가리킴．予可憚?：憚，두려워함．어찌 주저할 수 있겠는가?

1) 떠나는 사람에게 주는 詩．
2) 百念：백 가지 생각．
3) 重：다시．

詔問山中何所有賦詩以答[1]

陶　弘　景

山中何所有，嶺上多白雲．只可自怡悅，不堪持贈君．[2]

和約法師臨友人[1]

陶　弘　景

我有數行淚，不落十餘年．今日爲君盡，併灑秋風前．

陶弘景(457～537)：字는 通明，號는 華陽隱居，丹陽秣陵人．梁武帝가 불렀으나 句曲山에 隱居하며 詩作．

1) 齊 高帝의 詔問에 답하는 詩.
2) 君：齊의 高帝를 가리킴.

1) 約：성은 慧，字는 德素.

〈陳　詩〉

渡青草湖[1]

陰　鏗

洞庭春溜滿,[2] 平湖錦帆張. 沅水桃花色,[3] 湘流杜若香.[4] 穴去茅山近, 江連巫峽長.[5] 帶天澄迥碧, 映日動浮光. 行舟逗遠樹,[6] 度鳥息危檣.[7] 滔滔不可測, 一葦詎能航[8]?

作者：陰鏗(？～565)：字는 子堅, 武威姑臧(지금의 甘肅省 武威縣) 사람. 何遜과 나란히 五言詩로 當代에 有名. 梁나라 湘東王의 法曹參軍을 지냈고 陳나라 始興王의 府中錄事參軍을 지냄.

---

1) 青草湖：湖南省 岳陽縣西南에 湘陰縣과 境界를 이루는 곳에 位置하여 洞庭湖와 並稱됨. 이 詩는 青草湖의 春景을 묘사함.
2) 洞庭：「方輿紀要」에 「青草湖는 北으로 洞庭에 連接되었고 南으로 瀟湘에 接했으며 東으로 汨羅가 흘러든다」고 함.
3) 沅水：沅江임. 洞庭湖로 들어감. 桃源縣이 그 江의 左岸에 있음. 桃花色：陶淵明의 「桃花源詩」에서 發想됨.
4) 杜若：蘘荷科에 속하는 多年草. 楚辭의 「湘君」·「湘夫人」中에 보임.
5) 茅山：句曲山. 山中의 華陽洞에서 漢의 茅盈·茅固·茅衷 兄弟가 得道하여 神仙이 되었다는 江蘇省 句容縣 東南쪽 山. 巫峽：三峽의 하나. 湖北省 巴東縣 서쪽에 있음.
6) 逗：止也.
7) 度鳥：호수를 건너는 새.
8) 詎：어찌.

晚出新亭[1]

陰　鏗

大江一浩蕩，離悲足幾重? 潮落猶如蓋，[2] 雲昏不作峯．[3] 遠戍唯聞鼓，[4] 寒山但見松．九十方稱半，[5] 歸途詎有蹤 ?

1) 新亭：지금 南京市의 南쪽에 있음.
2) 枚乘의「七發」詩에「江水逆流，海水上潮．……波湧而濤起……其少進也，浩浩澧澧，如素車白馬，帷蓋之張」을 引用.
3) 雲昏不作峯：안개가 아득히 깔려 峯巒의 形狀을 짓지 못함.
4) 戍：군대가 주둔한 곳.
5) 九十方稱半：戰國策·秦策에서「行百里者半於九十」에서 引用. 먼 길을 걷는 者의 마지막이 더 어렵다는 뜻.

木蘭詩[1)]

無 名 氏

喞喞復喞喞(一作促織何喞喞, 一作喞喞何力力), [2)] 木蘭當戶織. 不聞機杼聲, 唯聞女歎息. 問女何所思, 問女何所憶. 女亦無所思, 女亦無所憶. 昨夜見軍帖, [3)] 可汗大點兵. [4)] 軍書十二卷, 卷卷有爺名. 阿爺無大兒, 木蘭無長兄. 願爲市鞍馬, 從此替爺征.

東市買駿馬, 西市買鞍韉. [5)] 南市買轡頭, 北市買長鞭. 旦(一作朝)辭爺娘去, 暮宿黃河邊. 不聞爺娘喚女聲, 但聞黃河流水鳴濺濺. 旦辭黃河去, 暮至(一作宿)黑山(一作黑水)頭. [6)] 不聞爺娘喚女聲, 但聞燕山胡騎鳴(一作聲)啾啾. [7)]

萬里赴戎機, 關山度若飛. 朔氣傳金柝, [8)] 寒光照鐵衣. 將軍百戰死, 壯士十年歸.

---

1) 아버지를 대신하여 전쟁에 나갔던 여걸 木蘭의 故事를 노래한 五言古詩. 魏와 柔然의 戰爭을 背景으로 삼았는데, 民間에서 生産되었다가 文人의 潤色을 거친 것.
2) 喞喞 : 베짜는 소리. 喞喞復喞喞이 「文苑英華」에서는 「喞喞何力力」으로 기록. 「力力」은 「歷歷」, 「敕敕」과 같이 歎聲을 나타냄.
3) 軍帖 : 징병 文書.
4) 可汗 : 匈奴, 突厥, 回紇 등의 君主 稱號.
5) 鞍韉 : 안장과 언치(안장 밑에 까는 담요 따위). 當時엔 府兵制를 實施하여 징발된 군인은 반드시 전쟁 도구를 스스로 사야 했음.
6) 黑山 : 殺虎山(몽고어로는 아바한카라山)
7) 燕山 : 燕然山. 지금 蒙古의 杭愛山. 啾啾 : 처량하게 우는 소리.
8) 金柝 : 銅으로 만들어진 납작한 솥으로 낮에는 취사 용구, 밤에는 징 대용임.

歸來見天子, 天子坐明堂.[9] 策勳十二轉,[10] 賞賜(一作賜物)百千强. 可汗問所欲, 「木蘭不用尙書郎(一作欲與欄賞不願尙書郎).[11] 願馳千里足(一作願借明駝千里足)[12] 送兒還故鄕.」[13]

爺娘聞女來, 出郭相扶將. 阿姊聞妹來(一作阿妹聞姊來), 當戶理紅妝. 小弟聞姊來, 磨刀霍霍向豬羊.[14] 開我東閣門, 坐我西閣牀. 脫我戰時袍, 著我舊時裳. 當窗理雲鬢, 對鏡帖花黃.[15] 出門看火伴, 火伴皆(一作始) 驚忙(一作惶). 「同行十二年, 不知木蘭是女郎.」

雄兎脚撲朔(一作握),[16] 雌兎眼迷離.[17] 雙兎傍地走, 安能辨我是雄雌.

---

9) 明堂 : 天子가 諸侯를 引見하는 곳.
10) 策勳十二轉 : 功勳을 十二等級한 唐代制度.
11) 尙書郎 : 尙書 기관의 侍郎.
12) 千里足 : 낙타 · 말 등의 탈 수 있는 동물.
13) 兒 : 女子가 自稱하는 말.
14) 霍霍 : 칼날이 번쩍임. 혹은 빠른 모양.
15) 帖花黃 : 六朝 以來로 女子는 이마를 黃色으로 칠하였음. 梁簡文帝詩에 「約黃能效月, 裁金巧作星」이라 하니 黃色은 달을 모방한 것으로 보임.
16) 撲朔 : 펄쩍 뛰는 모양.
17) 迷離 : 분명치 않은 모양.

唐　詩

《唐　詩》

雜　詩

沈　佺　期

聞道黃龍[1]戍，頻年不解兵．可憐閨裏月，長在漢家營．少婦今春意，良人昨夜情．誰能將旗鼓，一爲取龍城！

古　意

沈　佺　期

盧家少婦鬱金堂，[1] 海燕雙棲玳瑁梁．九月寒砧催木葉，十年征戍憶遼陽．[2] 白狼[3]河北音書斷，丹鳳城[4]南秋夜長．誰謂含愁獨不見？更敎明月照流黃．

沈佺期(?～713)：字는 雲卿，相州內黃人．詩壇에선 宋之問과 나란히 이름을 얻어 七言에 能하였음．

---

1) 黃龍：熱河省 朝陽縣에 있음．

1) 盧家少婦鬱金堂：梁武帝의 「河中之水歌」에 따르면 洛陽의 딸 莫愁로서 盧氏의 며느리가 되었으며，盧氏 집엔 鬱金(튤울립)이 가득했다고 함．

2) 遼陽：遼寧省 遼陽縣．

3) 白狼：江名으로 遼寧 瀋陽 西北에서 나와 遼水와 合流．

4) 丹鳳城：長安帝城．

回鄕偶書[1]

賀 知 章

少小離家老大回, 鄕音無改鬢毛[2]衰. 兒童相見不相識, 笑問「客從何處來」?

詠 柳

賀 知 章

碧玉妝成一樹高,[1] 萬條[2]垂下綠絲絛. 不知細葉誰裁出, 二月春風似剪刀.

賀知章(659~744) : 字는 季眞, 會稽(지금의 浙江省 紹興市) 사람. 玄宗 때 禮部侍郎을 지냈고, 李白을 玄宗에게 추천한 것으로 유명함. 晩年에 歸鄕하여 스스로 四明狂客이라 함.

---

1) 偶書 : 붓가는 대로 쓴 것.
2) 鄕音 : 고향 사투리. 鬢毛 : 귀밑머리.

1) 碧玉 : 푸른 옥, 여기서는 잎사귀.
2) 萬條 : 수많은 가지.

晩次樂鄉縣[1)]

陳　子　昂

故鄉杳無際,[2)] 日暮且孤征. 川原迷舊國, 道路入邊城.[3)] 野戍荒烟斷, 深山古木平. 如何此時恨, 噭噭夜猿鳴.[4)]

登幽州臺歌[1)]

陳　子　昂

前不見古人, 後不見來者, 念天地之悠悠,[2)] 獨愴然而涕[3)]下.

陳子昂(661～701) : 字는 伯玉, 梓州 射洪(지금의 四川省에 속함) 사람. 漢·魏로의 復古를 主唱하고 唐詩에 있어 雄渾한 風格을 열었음. 「陳伯玉文集」 10卷이 있음.

1) 樂鄉縣 : 襄陽에 속함.
2) 杳 : 아득히 멂.
3) 道路入邊城 : 唐將 武攸宜가 契丹을 정벌할 때인 듯함.
4) 噭噭 : 슬피 우는 소리.

1) 幽州 : 지금의 北京.
2) 悠悠 : 아득히 먼 모양.
3) 愴然 : 슬픈 모양. 涕 : 눈물을 흘림.

過故人莊[1]

孟　浩　然

故人具雞黍,[2] 邀我至田家. 綠樹村邊合,[3] 青山郭[4]外斜. 開軒面場圃,[5] 把酒話桑麻.[6] 待到[7]重陽日, 還來就菊花.[8]

春　曉[1]

孟　浩　然

春眠不覺曉,[2] 處處聞啼[3]鳥. 夜來風雨聲, 花落知多少![4]

孟浩然(689～740) : 襄陽(지금의 湖北省 襄樊市) 사람. 40歲 以前에는 鹿門山에 隱居하다 以後에 長安으로 나왔음. 王維와 함께 五言詩에 能하여「孟浩然集」五卷을 남겼음.

---

1) 農村의 風景과 옛 친구의 情誼를 읊은 것. 過 : 방문함. 莊 : 村家.
2) 具雞黍 : 닭을 잡고 조밥을 지음.
3) 合 : 연이음.
4) 郭 : 外城.
5) 軒 : 창문. 面 : 對面함. 場圃 : 채마밭.
6) 把酒 : 술잔을 받듦. 話桑麻 : 農村生活을 이야기함.
7) 待到 : 기다림.
8) 就 : 가까이함.

1) 春曉 : 봄날의 새벽.
2) 不覺曉 : 어느덧 날이 밝아옴.
3) 啼鳥 : 새의 울음소리.
4) 夜來風雨聲, 花落知多少! : 한밤에 몰아친 비바람으로 꽃들이 얼마나 떨어졌는지 모르겠네.

歲暮歸南山[1]

孟　浩　然

北闕休上書，南山歸敝廬.[2] 不才明主棄，多病故人疎.[3] 白髮催年老，靑陽逼歲除.[4] 永懷愁不寐，松月夜窗虛.

宿建德江[1]

孟　浩　然

移舟泊烟渚,[2] 日暮客愁新，野曠天低樹，江淸月近人.[3]

---

1) 南山：鹿門山(湖北 襄陽縣 동남에 있음).
2) 敝廬：낡은 집.
3) 故人疎：친구의 내왕이 적어짐.
4) 靑陽：봄. 歲除：歲末.

1) 建德江：浙江 建德縣을 흐르는 錢塘江.
2) 烟渚：안개 낀 물가.
3) 月近人：달이 사람을 가까이함.

涼州詞[1]

王　之　渙

黃河遠上白雲間，一片孤城萬仞[2]山．羌笛何須怨「楊柳」，[3] 春風不度玉門關．[4]

登鸛雀樓[1]

王　之　渙

白日依山盡，黃河入海流；欲窮千里目，更上一層樓．[2]

王之渙(695～？)：并州(지금의 山西省 太原市) 사람．高適·王昌齡 등과 나란히 邊境의 경치 描寫로 이름났으나 流傳된 作品이 적음．

1) 涼州一帶의 荒涼하고 廣濶한 풍경을 묘사함．涼州詞：古代歌曲의 一種．涼州는 지금의 甘肅省 武威縣．
2) 萬仞：仞(八尺)：古代의 길이를 재는 單位．
3) 羌笛：羌族의 樂器．楊柳：여기서는「折楊柳」(古代歌曲의 一種)를 가리킴．
4) 玉門關：甘肅省 敦煌縣의 西쪽에 있음．

1) 鸛雀樓에 올라 眺望함．鸛雀樓：山西省 永齊縣에 있음．
2) 欲窮千里目，更上一層樓：더욱 먼 곳을 보려고 다시금 樓閣 한 層을 오르네．

閨[1] 怨

王 昌 齡

閨中少婦不知愁, 春日凝妝上翠樓.[2]
忽見陌頭[3]楊柳色, 悔敎夫婿覓封侯.[4]

出 塞[1]

王 昌 齡

秦時明月漢時關,[2] 萬里長征人未還.
但使龍城飛將[3]在, 不敎胡馬度陰山.[4]

王昌齡(698～765?) : 字는 少伯. 大原(지금은 山西省에 속함) 사람. 官職이 龍標尉에 達하여 王龍標라고도 함. 詩文集 5卷이 있음.

---

1) 閨 : 안방.
2) 春日凝妝上翠樓 : 봄날 곱게 단장하고 녹음이 우거진 樓閣에 올라 멀리 바라봄.
3) 陌頭 : 밭둑(길)어귀.
4) 悔敎夫婿覓封侯 : 「覓封侯」는 從軍하여 功名과 富貴를 추구함. (버들이 푸르자) 남편으로 하여금 從軍시켜 功名을 좇게한 것을 뉘우침.

1) 兵士들의 長征을 그린 詩. 出塞 : 옛날 軍歌의 題目.
2) 秦時明月漢時關 : 달빛은 秦나라 때와 같고 변방도 漢나라 때와 같은데.
3) 但使 : 오로지. 龍城飛將 : 漢나라의 英勇한 「飛將軍」 李廣.
4) 胡 : 漢族이 北方民族을 지칭하는 말. 陰山 : 內蒙古北部에 있음.

輞川閑居贈裴秀才迪[1)]

王 維

寒山轉蒼翠,[2)] 秋水日潺湲.[3)] 倚杖柴門外, 臨風聽暮蟬. 渡頭餘落日, 墟里上孤煙.[4)] 復値接輿[5)]醉, 狂歌五柳前.[6)]

竹 里 館[1)]

王 維

獨坐幽篁[2)]裏, 彈琴復長嘯[3)]; 深林人不知, 明月來相照!

雜 詩

王 維

君[1)]自故鄕來, 應知故鄕事 : 來日[2)]綺窗[3)]前, 寒梅著花未[4)]?

王維(701~781) : 字는 摩詰, 山西 太原人. 한때 벼슬이 尙書右丞에 올랐고, 詩·書·畵·樂에 능한 多能藝術家로 田園詩와 南宗畵의 祖宗으로 불리움.

---

1) 晩年의 詩作으로 그 生活을 槪觀할 수 있음. 輞川은 陝西 藍田縣의 地名이며 王維의 別莊이 있음. 裴迪은 王維의 至友며, 秀才는 官職이 없는 文人을 칭함.
2) 蒼翠 : 짙은 녹색.
3) 潺湲 : 물이 졸졸 흐름.
4) 墟里 : 황폐된 마을. 孤煙 : 한가닥 밥 짓는 연기.
5) 接輿 : 春秋時代 楚의 隱士로 裴迪를 가리킴.
6) 五柳 : 陶淵明의 號, 作者를 비유함.

1) 竹里館 : 王維의 輞川所在 別莊 중의 一景.
2) 篁 : 대나무숲.
3) 嘯 : 휘파람 붊.

1) 君 : 故鄕에서 온 나그네.
2) 來日 : 떠나던 날.
3) 綺窗 : 비단으로 바른 창.
4) 著花未 : 꽃이 피지 않았던가? 未는 否의 뜻.

渭川田家[1]

王　維

斜陽照墟落,[2] 窮巷牛羊歸. 野老[3]念牧童, 倚杖候荊扉.[4] 雉雊[5]麥苗秀, 蠶眠桑葉稀. 田夫荷鋤至, 相見語依依.[6] 即此羨閑逸, 悵然吟式微.[7]

觀　獵[1]

王　維

風勁角弓[2]鳴, 將軍獵渭城.[3] 草枯鷹[4]眼疾, 雪盡馬蹄輕. 忽過新豊市,[5] 還歸細柳營.[6] 回看射鵰處,[7] 千里暮雲平.

---

1) 渭川 : 渭水(甘肅省 渭源縣 鳥鼠山에서 發源하여 東쪽으로 黃河에 들어감.)
2) 墟落 : 墟는 큰 언덕 혹은, 故城의 뜻. 落은 村落.
3) 野老 : 시골 노인.
4) 荊扉 : 가시로 엮은 사립문.
5) 雉雊 : 꿩의 울음.
6) 依依 : 아쉬워하는 모양.
7) 式微 : 「詩經」의 篇名으로 「式微, 式微, 胡不歸」의 귀절이 있음.

1) 觀獵 : 狩獵에서 돌아오는 장면을 묘사했음.
2) 角弓 : 쇠뿔이나 양뿔로 장식한 활.
3) 渭城 : 陝西省 咸陽縣 東쪽의 地名.
4) 鷹 : 사냥에 쓰이는 매.
5) 新豊市 : 陝西省 臨潼縣 東쪽의 地名.
6) 細柳營 : 陝西省 咸陽縣 西南쪽의 地名. 漢代 將軍 周亞夫의 軍隊가 주둔했던 곳,
7) 鵰 : 수리.

終南山[1]

王 維

太乙近天都[2]， 連山到海隅.[3] 白雲廻望合， 青靄入看無. 分野[4]中峯變， 陰晴衆壑殊. 欲投人處宿， 隔水問樵夫.

九月九日憶山東兄弟[1]

王 維

獨在異鄕爲異客， 每逢佳節倍[2]思親， 遙知兄弟登高[3]處， 遍揷茱萸少一人.[4]

相 思[1]

王 維

紅豆生南國,[2] 春來發幾枝[3]? 願君多采擷,[4] 此物[5]最相思.

---

1) 終南山 : 陝西省 南部를 가로지른 秦嶺. 혹은 太一, 太乙로 불리움.
2) 天都 : 帝都.
3) 海隅 : 바닷가.
4) 分野 : 分封된 구역마다 分星이 있어 吉凶을 점침.

1) 重陽節에 고향의 兄弟를 그리며 쓴 詩. 山東 : 函谷關의 東쪽 地方을 말함.
2) 倍 : 倍加됨.
3) 登高 : 重陽節엔 높은 곳에 오르는 風俗이 있었음.
4) 茱萸 : 重陽날 茱萸를 옷에 꽂거나 머리에 인다 함.

1) 相思 : 紅豆의 別稱으로 열매는 愛情을 상징함.
2) 紅豆 : 廣東, 廣西 등지에 야생하는 나무의 열매로 붉은 圓形이며, 염주를 만들어 장식에도 쓰임.
3) 春來發幾枝 : 紅豆나무의 成長에 관심을 표하는 말.
4) 采擷 : 따내다.
5) 此物 : 紅豆를 말함.

蜀道難

李 白

噫吁嚱,[1] 危乎高哉[2]! 蜀道之難難於上青天. 蠶叢及魚鳧,[3] 開國何茫然[4]! 爾來四萬八千歲, 不與秦塞通人煙. 西當太白[5]有鳥道, 可以橫絕峨眉巓.[6] 地崩山摧壯士死, 然後天梯石棧相鉤連.[7] 上有六龍回日之高標,[8] 下有衝波逆折之回川. 黃鶴之飛尙不過, 猿猱欲度愁攀緣.[9] 靑泥[10]何盤盤! 百步九折縈巖巒. 捫參歷井仰脅息,[11] 以手撫膺[12]坐長歎. 問君西遊何時還, 畏途巉巖不可攀.[13] 但見悲鳥號

---

1) 噫吁嚱 : 경탄하는 소리.
2) 危乎高哉 : 아스라하게 높구려.
3) 蠶叢, 魚鳧 : 秦 以前에 中原과 격리되었던 古國인 蜀의 傳說的인 國王들.
4) 茫然 : 아득히 넓음.
5) 太白 : 지금의 陝西省 西郿縣 東南쪽 山 이름으로, 長安의 西쪽에 있기 때문에 「西當太白」이라 함.
6) 峨眉 : 四川省 峨眉縣에 있는 山 이름. 巓 : 산꼭대기.
7) 地崩山摧壯士死, 然後天梯石棧相鉤連 : 傳說에 秦의 惠王이 딸 다섯을 蜀王에게 시집 보낼 것을 허락하자, 蜀王이 다섯 명의 壯士를 보내 마중하여 오는 도중 큰 뱀을 만났는데, 굴로 도망친 뱀을 끌어내다가 山은 五嶺으로 무너지고 사람은 모두 죽었다 함. 이때부터 秦·蜀의 往來가 편리해졌다 함.
8) 上有六龍回日之高標 : 中國 古代 神話에 太陽神의 馬夫인 羲和가 六마리 龍이 끄는 수레에 太陽神을 태우고 하늘의 東에서 西로 갈 때 最後에 머물렀던 곳이 虞泉임. 高標 : 蜀山의 最高峯.
9) 猿猱 : 원숭이.
10) 靑泥 : 지금의 陝西省 略陽縣 西北쪽에 있는 고개 이름. 秦에서 蜀으로 가는 要路.
11) 參 : 지금의 獵戶座로 蜀의 區域. 井 : 지금의 雙子座로 秦의 區域. 脅息 : 무서워 숨을 죽임.
12) 膺 : 胸임.
13) 巉巖 : 낭떠러지.

古木，雄飛雌從遶林間．又聞子規[14]啼夜月，愁空山．蜀道之難難於上青天，使人聽此凋朱顔．連峯去天不盈尺，枯松倒挂倚絶壁．飛湍瀑流爭喧豗，[15] 砯[16]崖轉石萬壑雷．其險也若此，嗟爾遠道之人胡爲乎來哉[17]！ 劍閣[18]崢嶸而崔嵬，[19] 一夫當關，萬夫莫開．所守或匪親，化爲狼與豺．朝避猛虎，夕避長蛇，磨牙吮血，殺人如麻．錦城[20]雖云樂，不如早還家．蜀道之難難於上青天，側身西望長咨嗟．

烏夜啼

李　　白

黃雲城邊烏欲棲，歸飛啞啞枝上啼．[1] 機中織錦秦川[2]女，碧紗如煙隔窗語．停梭悵然憶遠人，獨宿孤房淚如雨．

李白(701～762)：字는 太白，號는 靑蓮，四川에서 出生하여 當塗에서 죽기까지 잠시 出仕한 時期를 빼곤，湖北·湖南·江蘇·山東·山西·安徽·浙江 등지를 浪游하며 詩를 쓴 中國詩史上 最高峯의 한 사람．

14) 子規：두견새．혹은 蜀鳥(蜀나라 帝王 杜宇가 죽어 변한 것이라고 함)
15) 喧豗：떠들썩함．
16) 砯：물이 암석에 부딪쳐 나는 소리．
17) 嗟爾：감탄의 말．胡爲乎來哉：왜 왔을까?
18) 劍閣：四川省 劍閣縣 北쪽에 있는 大劍山과 小劍山 사이의 나무 다리．
19) 崢嶸：험준한 모양．崔嵬：높고 가파른 모양．
20) 錦城：成都．여기선 四川을 일컬음．

1) 啞啞：까마귀 우는 소리．
2) 秦川：隴山 東쪽에서 函谷關에 이르는 곳．

戰城南

李　白

去年戰，桑乾[1]源；今年戰，葱河[2]道．洗兵條支[3]海上波，放馬天山[4]雪中草．萬里長征戰，三軍盡衰老．匈奴[5]以殺戮爲耕作，古來唯見白骨黃沙田．秦家築城[6]備胡處，漢家還有烽火燃．烽火燃不息，征戰無已時，野戰格鬬死，敗馬號鳴向天悲．烏鳶啄人腸，銜飛上挂枯樹枝．士卒塗草莽，將軍空爾爲．乃知兵者是凶器，聖人不得已而用之．

將進酒

李　白

君不見黃河之水天上來，奔流到海不復回．君不見高堂明鏡悲白髮，朝如靑絲暮成雪．人生得意須盡歡，莫使金樽空對月．天生我材必有用，千金散盡還復來．烹羊宰牛且爲樂，會須一飮三百盃．岑夫子，丹丘生，[1] 將酒進，盃莫停．與君歌一曲，請君爲我傾耳聽．鐘鼓饌玉[2]不足貴，但願長醉不用醒．古來聖賢皆寂寞，唯有飮者留其名．

---

1) 桑乾：山西省 大同城 南쪽에 있는 강 이름．唐玄宗 때 이곳에서 東胡와 戰爭이 있었음．
2) 葱河：新疆省에 있는 강 이름．唐玄宗 때 高仙芝 장군이 吐蕃을 원정할 때 葱嶺을 道路化．
3) 條支：티그리스，유프라테스 강 중간에 있었던 나라의 이름．
4) 天山：新疆省에 위치함．白山 或은 雪山이라고도 함．
5) 匈奴：中國北方과 西方邊境에 살았던 유목 민족．
6) 秦家築城：秦始皇이 匈奴를 막기 위해 嘉峪關에서 山海關까지 2300km 길이의 만리장성을 쌓음．

1) 岑夫子，丹丘生：모두 李白의 친구로 岑夫子는 岑徵君．丹丘生은 元丹丘임．
2) 饌玉：珍美한 음식．

陳王昔時宴平樂,[3] 斗酒十千恣歡謔. 主人何爲言少錢? 徑須沽取對君酌. 五花馬, 千金裘, 呼兒將出換美酒, 與爾同銷萬古愁.

關山月

李 白

明月出天山, 蒼茫雲海間. 長風幾萬里, 吹度玉門關.[1] 漢下白登[2]道, 胡窺青海[3]灣. 由來征戰地, 不見有人還. 戍客望邊邑, 思歸多苦顏. 高樓當此夜, 歎息未應閒.

獨不見

李 白

白馬誰家子, 黃龍[1]邊塞兒. 天山三丈雪, 豈是遠行時? 春蕙忽秋草, 莎雞[2]鳴曲池. 風催寒梭響, 月入霜閨悲. 憶與君別年, 種桃齊蛾眉. 桃今百餘尺, 花落成枯枝. 終然獨不見, 流涙空自知.

---

3) 陳王昔時宴平樂 : 陳王 : 曹植. 그의 「名都篇」 中에 「歸來宴平樂, 美酒斗十千」이라는 句가 있음. 여기서 平樂은 佛寺와 道觀의 이름.

1) 玉門關 : 지금의 甘肅省 敦煌縣 西쪽에 있는 關門인 바, 西域으로 통하는 要路.
2) 白登 : 山西省 大同縣 東쪽에 있는 山이름. 漢高祖가 여기서 匈奴에게 포위되었었음.
3) 青海 : 青海省에 있는 湖水 이름.

1) 黃龍 : 옛날 契丹國의 地名. 지금의 熱河省 부근. 흔히 먼 邊方을 가리킴.
2) 莎雞 : 베짱이. 혹은 귀뚜라미.

靜 夜 思[1]

李 白

床前明月光，疑是地上霜，擧頭望明月，[2] 低頭思故鄕.

子夜吳歌 四首

李 白

一

秦地羅敷[1]女，採桑綠水邊. 素手青條上，紅粧白日鮮. 蠶飢妾欲去，五馬[2]莫留連.

二

鏡湖[1]三百里，菡萏[2]發荷花. 五月西施採，人看隘若耶.[3] 回舟不待月，歸去越王家.

三

長安一片月，萬戶擣衣[1]聲. 秋風吹不盡，總是玉關情. 何日平胡虜，良人[2]罷遠征.

---

1) 靜夜思：적막한 밤에 일어나는 생각을 씀.
2) 擧頭：머리를 듦.

1) 羅敷：古樂府「陌上桑」에 나온 美女로 姓이 秦, 官의 희롱을 힐책했었음.
2) 五馬：漢代太守의 수레는 五匹의 말이 끌었으니, 곧 太守의 代稱.

1) 鏡湖：鑑湖 · 지금의 浙江省 紹興縣에 있음.
2) 菡萏：연꽃. 혹은 연꽃의 봉우리.
3) 西施：戰國時代 越나라 美人. 若耶：鏡湖로 흐르는 물. 西施가 이곳에서 蓮을 땄다고 함.

1) 擣衣：다듬이질함.
2) 良人：남편.

四

明朝驛[1]使發，一夜絮征袍．素手抽針冷，那堪把剪刀．裁縫寄遠道，幾日到臨洮！[2]

把酒問月[1]

李 白

青天有月來幾時，我今停盃一問之．人攀明月不可得，月行却與人相隨．皎如飛鏡臨丹闕，綠煙滅盡淸暉發．但見宵從海上來，寧知曉向雲間沒？白兎擣藥秋復春，嫦娥[2]孤棲與誰鄰？今人不見古時月，今月曾經照古人．古人今人若流水，共看明月皆如此．唯願當歌對酒時，月光長照金樽裏．

宣城見杜鵑花[1]

李 白

蜀國曾聞子規鳥，[2] 宣城還見杜鵑花．一叫一迴腸一斷，三春三月憶三巴．[3]

---

1) 驛：역마길．
2) 臨洮：唐代 西方으로 가는 길목으로 지금의 甘肅省 臨潭縣 西南쪽에 있음．

1) 把酒問月：본시「故人賈淳令予問之」라 注記하였음．
2) 嫦娥：勇士羿의 妻로 仙藥을 훔쳐 먹고 달로 달아나 그곳에 살고 있다는 神話中의 仙女．

1) 杜鵑花：진달래．每年 二·三月 杜鵑이 울 때 한창핌．
2) 子規鳥：두견새．
3) 三巴：巴郡·巴東·巴西를 이름．

除　夜

高　適

旅館寒燈獨不眠，客心何事轉淒然.[1] 故鄉今夜思千里，霜鬢[2] 明朝又一年.

高適(702～765)：滄州(現在 河北省 滄縣) 사람. 젊었을 때 流浪生活을 하다, 晩年에 節度使를 歷任. 그의 詩는 岑參과 함께 邊塞派로 불리움.

燕 歌 行[1]

高　適

漢家煙塵[2] 在東北，漢將辭家破殘賊,[3] 男兒本自重橫行,[4] 天子非

---

1) 淒然：쓸쓸한 모양.
2) 霜鬢：서리처럼 흰 구레나룻.

1) 燕歌行：古代 歌曲 題目의 하나, 燕은 지금의 河北省 일대로 北方의 邊境.
2) 煙塵：邊境에서 피우는 烽火의 연기와 말발굽이 일으키는 먼지.
3) 辭家：고향을 이별함.
4) 男兒本自重橫行：本自：원래, 重：重視. 橫行：戰場에서 左衝右突하며 용맹스럽게 적을 무찌름.
5) 天子非常賜顏色：天子：皇帝. 賜顏色：면목을 세워주다.
6) 摐金伐鼓：징을 두드리고 북을 침. 榆關：山海關, 지금의 河北省 臨榆縣.
7) 逶迤：구불구불하여 끊임없는 모양. 碣石山：지금의 河北省 樂亭縣 西南쪽.
8) 羽書：긴급한 군사 文書로서 새의 깃을 꽂은 檄文. 瀚海：넓은 사막.

常賜顏色.[5] 摐金伐鼓下楡關,[6] 旌旗逶迤碣石間.[7] 校尉羽書飛瀚海,[8]
單于獵火照狼山.[9] 山川蕭條極邊土,[10] 胡騎憑陵雜風雨.[11] 戰士軍前半死生,[12] 美人帳下猶歌舞[13]! 大漠窮秋塞[14]草衰, 孤城落日斗兵稀. 身當恩遇[15]常輕敵, 力盡關山[16]未解圍. 鐵衣遠戍[17]辛勤久, 玉箸應啼別離後,[18] 少婦城南[19]欲斷腸, 征人薊北空回首.[20] 邊庭飄遙那可度,[21] 絕域蒼茫[22]更何有? 殺氣三時作陣雲,[23] 寒聲一夜傳刁斗.[24] 相看白刃[25]雪紛紛, 死節從來豈顧勛[26]! 君不見沙場[27]征戰苦, 至今猶憶李將軍[28]!

---

9) 獵火 : 사냥할 때 켜는 불, 여기서는 戰火를 가리킴. 單于 : 匈奴의 首領. 狼山 : 現在 內蒙古 西北郡.
10) 極 : 끝.
11) 胡騎 : 胡人의 騎馬部隊. 雜風雨 : 비바람이 함께 몰아침.
12) 軍前 : 前線. 半死生 : 死活의 可能性이 半半임.
13) 猶 : 오히려.
14) 窮秋 : (늦)가을.
15) 恩遇 : 皇帝의 은혜와 예우.
16) 關山 : 險하고 重要한 邊境.
17) 鐵衣 : 鐵갑옷을 입은 兵士. 戍 : 軍隊가 주둔한 곳.
18) 玉箸 : 눈물.
19) 城南 : 아내가 거처하는 곳.
20) 薊北 : 지금의 河南省 北部.
21) 那可度 : 어찌 쉽게 건널 수 있으리오?
22) 絕域 : 아주 먼 곳.
23) 殺氣三時作陣雲 : 春·夏·秋 三季節의 殺氣가 登天하여 戰雲이 됨.
24) 刁斗 : 구리로 만든 솥 같은 기구. 낮에는 여기에 음식을 만들고 밤에는 이것을 두드려 경계하는 데 씀.
25) 白刃 : 눈처럼 하얗게 빛나는 칼.
26) 勛 : 勳의 古字(功勞).
27) 君不見 : 그대는 보이지 않는가? 沙場 : 戰場.
28) 李將軍 : 漢朝 때 邊方을 지킨 유명한 「飛將軍」 李廣을 가리킴.

長干行二首[1]

崔　顥

一.

君[2]家何處住? 妾住在橫塘.[3] 停船暫借問,[4] 或恐是同鄉.

二.

家臨九江[1]水, 來去九江側.[2] 同是長干人, 生小不相識.[3]

崔顥(704～754) : 汴州(지금의 河南省 開封市) 사람. 李白이 武昌을 지날 때 黃鶴樓에 올라서 詩를 지었으나 「黃鶴樓」를 對하고는 그보다 못함을 깨달아 붓을 놓고 쓰지 않았다는 故事가 있음. 二首 모두 民歌式의 짧은 詩로 一問一答方式을 썼음.

---

1) 長干行 : 古代歌曲題目. 江蘇省 南京市 秦淮河 南쪽으로 長干里가 있었다고 함. 이는 民歌式의 小詩로 問答이 보임.

2) 君 : 그대.

3) 橫塘 : 南城市 西南쪽에 있음.

4) 借問 : 모르는 사람에게 물어봄.

1) 臨 : 맞대어 있음. 九江 : 江西省에 있음.

2) 來去九江側 : 九江兩邊을 往來함.

3) 同時長干人, 生小不相識 : 본시 長干人이나 어려서 고향을 떠났기로 서로 알아보지 못함.

黃鶴樓[1)]

崔　　顥

昔人已乘黃鶴去, 此地空餘黃鶴樓. 黃鶴一去不復返, 白雲千載空悠悠[2)]! 晴川歷歷[3)]漢陽樹, 芳草萋萋[4)]鸚鵡洲. 日暮鄕關何處是? 煙波江上使人愁!

1) 黃鶴樓 : 지금의 湖北省 武漢市 武昌城 안에 있음. 仙人이 여기서 黃鶴을 타고 하늘로 올랐다는 傳說의 樓閣.
2) 千載 : 오랜 세월.
3) 歷歷 : 분명함.
4) 萋萋 : 풀들이 무성한 모양.

兵車行

杜　甫

車轔轔,[1] 馬蕭蕭,[2] 行人[3]弓箭各在腰. 耶孃[4]妻子走相送, 塵埃不見咸陽橋.[5] 牽衣頓足攔道哭, 哭聲直上干雲霄. 道旁過者問行人, 行人但云點行頻.[6] 或從十五北防河,[7] 便至四十西營田.[8] 去時里正[9]與裹頭, 歸來頭白還戍邊. 邊庭流血成海水, 武皇[10]開邊意未已. 君不聞漢家山東[11]二百州, 千村萬落生荊杞.[12] 縱有健婦把鋤犁, 禾生隴畝無東西. 況復秦兵耐苦戰,[13] 被驅不異犬與雞. 長者雖有問, 役夫[14]敢伸恨? 且如今年冬, 未休關西卒.[15] 縣官急索租, 租稅從何出? 信知生男惡, 反是生女好; 生女猶得嫁比鄰,[16] 生男埋沒隨百草. 君不見青海頭, 古來白骨無人收, 新鬼煩冤[17]舊鬼哭, 天陰雨濕聲啾啾!

---

1) 轔轔 : 수레가 삐걱거리는 소리.
2) 蕭蕭 : 말이 우는 소리.
3) 行人 : 征役나가는 兵丁.
4) 耶孃 : 父母. 耶는 爺임.
5) 塵埃不見咸陽橋 : 咸陽橋 ; 長安 北쪽 交通의 要地. 行人들이 일으키는 먼지로 높은 咸陽橋가 가리어 보이지 않음.
6) 點行頻 : 點行 ; 군대에 뽑힘. 頻 : 자주.
7) 北防河 : 黃河서쪽 변방을 방위함.
8) 營田 : 屯田. 군대가 변방 수비를 하면서 장기 주둔을 爲해 농사를 짓는 것.
9) 里正 : 지금의 里長(里 : 百戶) 裹頭 : 머리를 싸맴.
10) 武皇 : 漢武帝. 여기서는 唐玄宗을 말함.
11) 山東 : 華山의 東쪽.
12) 荊杞 : 가시나무와 구기자나무.
13) 秦兵耐苦戰 : 秦 ; 關中(陝西一帶), 關中의 兵士는 싸움에 잘 견뎌 많이 징발됨.
14) 役夫 : 行役가는 사람.
15) 未休關西卒 : 關西로 계속 兵士를 투입시킴. 關西 : 函谷關의 西쪽.
16) 比鄰 : 인근.
17) 煩冤 : 煩悶.

月 夜[1]

杜 甫

今夜鄜州月，閨中只獨看.[2] 遙憐小兒女，未解憶長安.[3] 香霧雲鬟濕，清輝玉臂寒.[4] 何時倚虛幌，雙照淚痕乾[5]?

春 望[1]

杜 甫

國破山河在，城春草木深. 感時花濺淚，[2] 恨別鳥驚心.[3] 火烽連三月，[4] 家書抵萬金. 白頭搔更短，渾欲不勝簪.[5]

杜甫(712～770)：字는 子美，號는 少陵. 鞏(지금의 河南省에 있음)人. 四川에서 工部員外郞을 지냈기에 「杜工部」라고도 함. 家境이 빈궁하여 飄泊으로 一生을 마쳤으나 成功的인 寫實主義的 律詩 千편을 남겨 詩聖으로 불리움.

---

1) 月夜：至德 一年(756) 八月 長安에 포로로 잡혔을 때에 쓴 作品.
2) 閨中只獨看：自身의 苦痛은 言及하지 않고 妻子의 비애만을 그림. 鄜州：당시 그의 妻子가 살았던 곳으로 지금 陝西의 鄜縣.
3) 未解憶長安：長安에 갇힌 아버지를 그리워할 줄 모름.
4) 香霧…玉臂寒：雲鬟은 여인의 머리칼. 清輝는 달빛. 머리칼은 안개에 젖고 팔뚝은 달빛에 차갑다.
5) 何時倚虛幌，雙照淚痕乾：虛幌：투명한 휘장. 雙照：달빛이 두 사람을 비춤.

1) 春望：唐 肅宗 二年에 杜甫가 長安에 포로로 잡혀 있을 당시 憂國憂民을 읊은 五言律詩.
2) 感時花濺淚：시국을 슬퍼하니 꽃조차도 눈물을 뿌리게 하고.
3) 恨別鳥驚心：이별을 한하니，귀촉도도 마음을 놀라게 하네.
4) 連三月：① 至德二載의 正月，二月，三月，② 安史의 亂이 발생한 후 두 번째 三月.
5) 白頭搔更短，渾欲不勝簪：白髮이 긁을수록 짧아지니 도시 비녀를 찌를 수 없음.

述　懷[1)]

杜　甫

去年潼關破,[2)] 妻子隔絕久. 今夏草木長, 脫身得西走. 麻鞋見天子, 衣袖露兩肘. 朝廷愍[3)]生還, 親故傷老丑. 涕淚受拾遺, 流離主恩厚.[4)] 柴門雖得去, 未忍即開口.

寄書問三川,[5)] 不知家在否. 比聞同罹禍,[6)] 殺戮到雞狗. 山中漏茅屋, 誰復依戶牖? 摧頹蒼松根, 地冷骨未朽.[7)] 幾人全性命, 盡室豈相偶? 嶔岑猛虎場, 欝結回我首.[8)]

自寄一封書, 今已十月後.[9)] 反畏消息來, 寸心亦何有? 漢運初中興, 生平老耽酒.[10)] 沉思歡會處, 恐作窮獨叟.

---

1) 述懷 : 安祿山의 亂으로 長安城內의 질서가 문란해지자 杜甫도 鳳翔으로 避身, 左拾遺로 任命되고, 小康을 찾자. 家族의 安否를 걱정하는 詩.
2) 潼關 : 洛陽과 長安 사이의 要地.
3) 愍 : 愍(근심함)
4) 流離主恩厚 : 流浪과 離散 끝에 임금의 은혜를 감사함.
5) 三川 : 鄜州 南쪽에 있으며 亂中에 杜甫 가족이 寄居하던 곳.
6) 罹禍 : 재앙이 듦.
7) 摧頹 : 황폐함. 未朽 : 아직 썩지 아니함.
8) 嶔岑 : 높이 우뚝 솟은 모양. 欝結 : 가슴이 막혀 답답함.
9) 十月後 : 10個月이 지남.
10) 生平老耽酒 : 평생 늘 술에 탐닉함.

潼關吏[1)]

杜　甫

士卒何草草,[2)] 築成潼關[3)]道. 大城鐵不如,[4)] 小城萬丈餘. 借問潼關吏, 修關還備胡. 要[5)]我下馬行, 爲我指山隅. 連雲列戰格,[6)] 飛鳥不能踰. 胡來但自守, 豈復憂西都. 丈人[7)]視要處, 窄狹容單車. 艱難奮長戟, 萬古用一夫.[8)]

哀哉桃林戰, 百萬化爲魚[9)]! 請囑防關將, 愼勿學哥舒.[10)]

---

1) 潼關吏 : 杜甫가 相州에서 敗하고 潼關을 지날 때 성곽을 補修하는 兵士들의 고초를 보고 以前에 哥舒翰이 潼關을 버리고 賊에게 항복하였던 故事를 연상하여 쓴 것.
2) 草草 : 고생하는 모양.
3) 潼關 : 지금의 陝西省 潼關縣의 東南쪽.
4) 鐵不如 : 철통보다 견고함.
5) 要 : 요청함(邀).
6) 戰格 : 戰柵 · 防禦壁을 쌓음.
7) 丈人 : 潼關의 벼슬아치가 杜甫를 가리켜 하는 말.
8) 萬古用一夫 : 萬古는 千古와 같음(옛부터) 「一夫當關, 萬夫莫開」.
9) 哀哉桃林戰, 百萬化爲魚 : 桃林 ; 靈寶의 西쪽 潼關의 東쪽에 있는 地名. 天寶十五年 六月 歌舒翰이 靈寶에서 大敗하여 많은 兵士들이 黃河에 빠져 죽음.
10) 哥舒 : 哥舒翰. 唐나라 隴右節度 副大使.

石壕吏

杜　甫

暮投石壕村,[1] 有吏夜捉人. 老翁踰牆走, 老婦出門看.[2]

吏呼一何怒, 婦啼一何苦. 聽婦前致詞:「三男鄴城戍. 一男附書至, 二男新戰死. 存者且偸生, 死者長已矣! 室中更無人, 惟有乳下孫[3]; 孫有母未去,[4] 出入無完裙.[5] 老嫗力雖衰, 請從吏夜歸. 急應河陽役,[6] 猶得備晨炊.」

夜久語聲絕, 如聞泣幽咽.[7] 天明登前途, 獨與老翁別.

---

1) 石壕村 : 石壕鎭, 지금의 河南省 陝縣 東쪽에 있음.
2) 出門看 : 異本엔「出看門」
3) 乳下孫 : 젖먹이 손자.
4) 孫有母未去 : 異本엔「有孫母未去」
5) 出入無完裙 : 드나듦에 단정한 衣服이 없음.
6) 河陽役 : 相州의 大敗로 河陽(지금의 河南省 孟縣)으로 前線이 옮겨짐에 따라 老婦가 河陽의 軍營으로 가서 일을 하겠다고 말함.
7) 幽咽 : 낮은 울음소리.

新婚別[1)]

杜 甫

兎絲附蓬痲，引蔓故不長.[2)] 嫁女與征夫，不如棄路旁.

結髮爲妻子，席不煖君床. 暮婚晨告別，無乃太匆忙? 君行雖不遠，守邊赴河陽. 妾身未分明，何以拜姑嫜[3)]?

父母養我時，日夜令我藏. 生女有所歸，[4)] 雞狗亦得將.[5)] 君今往死地，沉痛迫中腸. 誓欲隨君去，形勢反蒼黃.[6)]

勿爲新婚念，努力事戎行.[7)] 婦人在軍中，兵氣恐不揚.[8)] 自嗟貧家女，久致羅襦裳. 羅襦不復施，對君洗紅妝.

仰視百鳥飛，大小必雙翔. 人事多錯迕，[9)] 與君永相望.

---

1) 新婚別 :「三別」中의 第 1 首. 「別」이라 함은 當時 百姓들의 出征으로 因하여 가족들과 이별해야 하는 비극을 가리킴. 이 詩는 新婚의 夫婦가 겪는 이별의 고통을 主題로 함.

2) 兎絲附蓬痲，引蔓故不長 : 兎絲 ; 寄生蔓草，兎絲가 蓬痲에 寄生하면 덩굴을 길게 뻗지 못한다는 뜻으로 의지할 곳 없는 婦女를 比喩함.

3) 妾身未分明，何以拜姑嫜 : 古禮엔 결혼의 절차가 3日 동안으로, 조상의 사당과 분묘에 告함으로써 婚姻이 이루어졌으니 이러한 禮를 거친 후에야 비로소 시아버지, 시어머니로 부를 수 있음.

4) 歸 : 女子가 出嫁함.

5) 將 : 攜帶.

6) 蒼黃 : 파랑, 노랑 두 가지 색으로 反復多變함을 比喩함.

7) 戎行 : 軍隊.

8) 士氣恐不揚 : 士氣가 振作되지 않음을 두려워함.

9) 錯迕 : 뒤섞임.

茅屋爲秋風所破歌[1]

杜　甫

八月秋高[2]風怒號，卷我屋上三重茅．茅飛渡江灑江郊，高者挂罥[3]長林梢，下者飄轉沉塘坳．[4]

南村羣童欺我老無力，忍能[5]對面爲盜賊．公然抱茅入竹去，唇焦口燥呼不得，歸來倚杖自歎息．

俄頃風定雲墨色，秋天漠漠[6]向昏黑．布衾[7]多年冷似鐵，嬌兒惡臥踏裏裂．[8] 床頭屋漏無乾處，雨脚如麻未斷絕．自經喪亂少睡眠，長夜沾濕何由徹[9]！

安得廣廈千萬間，大庇天下寒士俱歡顏，風雨不動安如山！嗚呼！何時眼前突兀[10]見[11]此屋，吾廬獨破受凍死亦足！

---

1) 茅屋爲秋風所破歌：上元 2年(761)에 쓴 것으로 長短體의 歌行．暴風雨로 무너진 茅屋에서 밤새 비에 젖다가 쓴 詩．
2) 秋高：가을이 깊은 때．
3) 罥：달아맴．
4) 塘坳：웅덩이．
5) 能：耐와 通用．
6) 漠漠：어두워짐．
7) 衾：큰 이불．
8) 嬌兒惡臥踏裏裂：아이의 잠버릇이 나빠 이불을 찢음．
9) 長夜沾濕何由徹：긴밤 천정에서는 비가 새고 땅바닥은 습기차니 어찌 새벽까지 참겠는가？
10) 突兀：높이 솟은 모양．
11) 見：보이다．드러나다．

聞官軍收復河南河北[1]

杜 甫

劍外忽傳收薊北,[2] 初聞涕淚滿衣裳. 却看妻子愁何在,[3] 漫卷詩書[4]喜欲狂. 白日放歌須縱酒, 靑春作伴好還鄕. 即從巴峽[5]穿巫峽,[6] 便下襄陽向洛陽.

登 高[1]

杜 甫

風急天高猿嘯哀, 渚[2]淸沙白鳥飛迴. 無邊落木[3]蕭蕭[4]下, 不盡長江滾滾來. 萬里悲秋長作客, 百年多病獨登臺.[5] 艱難苦恨繁霜鬢,[6] 潦倒[7]新停濁酒杯.[8]

---

1) 聞官軍收復河南河北 : 唐代宗 寶應 元年(762年), 10年 동안의 安史亂이 평정되자 當時避亂中인 梓州에서 故鄕으로 돌아가 飄流生活을 끝내고자 하는 기쁜 심정을 읊음.
2) 劍外忽傳收薊北 : 蜀에서 河北이 收復되었다는 소식을 들음. 劍外 : 劍門以南 西蜀을 말함. 薊北 : 河北省北部, 北方을 말함.
3) 愁何在 : 근심은 간곳 없네.
4) 漫卷詩書 : 바쁘게 책을 챙김. 卷은 捲과 통용.
5) 巴峽 : 湖北省 巴東縣의 西쪽에 있음.
6) 巫峽 : 四川省 巫山縣의 東쪽에 있음.

1) 登高 : 767年, 夔州(지금의 四川奉節縣)에서 쓴 作品. 긴 流良生活로 病을 얻은데다 李白等의 舊友가 세상을 떠나 打擊이 컸던 때에 씀.
2) 渚 : 모래섬.
3) 落木 : 落葉.
4) 蕭蕭 : 落葉지는 소리.
5) 百年多病獨登臺 : 人生百年에 病투성이 홀로 臺에 올랐네.
6) 艱難苦恨繁霜鬢 : 世上의 괴로움과 恨으로 머리가 온통 백발이 되었네.
7) 潦倒 : 노쇠함.
8) 新停濁酒杯 : 당시 杜甫가 肺病으로 술을 끊어야 했음.

走馬川行奉送封大夫出師西征[1]

岑 參

君不見走馬川雪海[2]邊, 平沙莽莽黃入天[3]! 輪臺九月風夜吼,[4] 一川碎石大如斗, 隨風滿地石亂走. 匈奴草黃馬正肥,[5] 金山[6]西見煙塵飛,[7] 漢家大將[8]西出師. 將軍金甲夜不脫,[9] 半夜軍行戈相撥,[10] 風頭如刀面如割. 馬毛帶雪汗氣蒸,[11] 五花連錢旋[12]作冰, 幕中草檄硯水凝.[14] 虜騎聞之應膽懾,[14] 料知短兵不敢接,[15] 車師西門佇獻捷[16]!

岑參(715～770) : 南陽(지금의 河南省에 있음) 사람. 嘉州刺史를 지냈음으로 그의 詩는 오랜 邊方生活을 반영, 高適과 함께 邊塞묘사에 능함.

---

1) 走馬川 : 新疆省 境界에 있음. 行 : 古代歌曲體裁의 一種. 封大夫 : 封常清과 같음. 唐玄宗때 西北邊疆을 지키는 軍隊의 首領. 出師 : 出兵.
2) 雲海 : 新疆省 北쪽 境界에 있음.
3) 入天 : 하늘까지 닿음.
4) 輪臺 : 新疆省에 있음. 吼 : 거센 바람소리. 石亂走 : 바람이 세어 돌덩이가 날아다님
5) 匈奴 : 唐朝의 達奚部族을 漢朝의 匈奴에 比喩함. 草黃 : 가을을 뜻함. 馬正肥 : 匈奴가 內地를 침략하는 時期.
6) 金山 : 西蒙古의 알타이산.
7) 煙塵 : 烽火연기와 말발굽이 일으키는 먼지.
8) 漢家大將 : 唐의 封常淸을 비유.
9) 夜不脫 : 戰場의 긴장을 뜻함.
10) 撥 : 부딪쳐 퉁김.
11) 蒸 : 김이 오름.
12) 五花 : 5色의 꽃무늬가 있는 말. 連錢 : 돈 모양의 반점무늬가 있는 말.
13) 幕 : 軍幕. 草檄 : 軍事文書의 草를 잡음. 硯 : 벼루. 凝 : 결빙.
14) 虜騎 : 敵의 騎馬隊. 膽懾 : 간담이 써늘해짐.
15) 短兵 : 칼이나 劍 등의 짧은 무기.
16) 車師 : 車師國(지금의 新疆省 uigur 族 自治區). 佇 : 주저함. 捷 : 노획물.

九月思長安故園

岑　參

强欲登高去,[1] 無人送酒來. 遙憐故園菊,[2] 應傍[3]戰場開.

---

1) 强欲 : 억지로…하거늘.
2) 遙憐 : 멀리 생각함.
3) 應傍 : 의례, ……에 가까히.

楓橋夜泊[1]

張 繼

月落烏啼霜滿天, 江楓漁火[2]對愁眠. 姑蘇城外寒山寺,[3] 夜半鐘聲[4]到客船.

宿白馬寺[1]

張 繼

白馬馱經事已空, 斷碑殘刹見遺踪.[2] 蕭蕭茅屋秋風起,[3] 一夜雨聲羈思濃.[4]

張繼(750 ? ~ ?) : 襄州(지금의 湖北省 襄樊市 附近) 사람. 天寶年間에 進士에 급제하여 江南에서 奉職함. 그의 詩는 寫景에 능함.

1) 楓橋 : 지금의 江蘇省 蘇州市 閶門 밖에 있음.
2) 漁火 : 漁船의 불빛.
3) 姑蘇 : 지금의 江蘇省 蘇州市에 있음. 寒山寺 : 楓橋附近의 寺院으로 蘇州의 名勝地.
4) 夜半鍾聲 : 當時 寺院에선 한밤중에 종을 침.

1) 白馬寺 : 後漢의 明帝永平 10年, 洛陽 교외에 세운 중국 최초의 절.
2) 斷碑 : 조각난 碑. 殘刹 : 쇠락한 寺刹. 見 : 現.
3) 蕭蕭 : 쓸쓸한 모양.
4) 羈 : 覊, 羇. 羈思 : 나그네의 생각.

寒食寄京師[1]諸弟

韋 應 物

雨中禁火空齋[2]冷，江上流鶯獨坐聽．把酒[3]看花想諸弟，杜陵[4]寒食草青青．

滁州西澗[1]

韋 應 物

獨憐[2]幽草澗邊生，上有黃鸝深樹[3]鳴．春潮帶雨晚來急，野渡無人舟自橫．

韋應物(736～830？)：京兆長安(지금의 陝西省 西安市) 사람．蘇州刺史를 지냈기에 「韋蘇州」라고도 함．山水田園을 爲主로 한 詩를 써서 「韋蘇州集」十卷을 남김．

---

1) 京師：當時의 長安(지금의 陝西省 西安市)
2) 空齋：쓸쓸한 서재．
3) 把酒：술잔을 듦．
4) 杜陵：當時 長安의 이름난 遊樂地．

1) 滁州：지금의 安徽省 滁縣．西澗：滁縣의 南쪽에 있는 俗稱 上馬河를 가리킴．
2) 憐：어여삐 여김．
3) 深樹：무성하게 우거진 나무．

游子吟[1]

孟　郊

慈母手中線，游子身上衣，臨行密密縫，意恐遲遲歸．
誰言寸草心，[2] 報得三春暉[3]！

登科後

孟　郊

昔日齷齪[1] 不足誇，今朝放蕩思無涯．[2] 春風得意馬蹄疾，[3] 一日看盡長安花．

孟郊(751～814)：字는 東野・湖州武康(지금의 浙江省內) 사람. 中唐詩人으로 50歲에 겨우 進士에 급제. 精煉한 詩風이 韓愈와 비슷하며,「孟東野集」이 있음.

---

1) 游子：나그네.
2) 寸草心：자식의 마음이 마치 어린 풀처럼 微弱함.
3) 三春暉：어머니의 자식에 대한 온정을 植物을 돋게 하는 봄볕에 비유.

1) 齷齪：작은 일에 구애하는 모양.
2) 涯：가.
3) 疾：빠름.

山 石

韓 愈

山石犖确[1]行徑微，黃昏到寺蝙蝠飛．升堂坐階新雨足，芭蕉葉大支子[2]肥．僧言古壁佛畫好，以火來照所見稀．鋪牀拂席置羹飯，疏糲[3]亦足飽我飢．夜深靜臥百蟲絕，淸月出嶺光入扉．天明獨去無道路，出入高下窮煙霏．山紅澗碧紛爛漫，時見松櫪[4]皆十圍．當流赤足蹋澗石，水聲激激[5]風吹衣．人生如此自可樂，豈必局束爲人鞿[6]？嗟哉吾黨二三子，安得至老不更歸！

韓愈(768～824)：字는 退之，鄧州 南陽 사람．儒家이며 文章家로 벼슬은 國子博士，吏部 侍郎에 이르렀음．雄奇하고 險怪한 詩와 文從字順한 文章을 썼으며「韓昌黎集」五十卷을 남김．

左遷至藍關[1]示姪孫湘

韓 愈

一封朝奏九重天，[2] 夕貶潮陽路八千．[3] 本爲聖明除弊政，[4] 敢將衰

1) 犖确：山에 돌이 많고 평평치 못한 모양．
2) 支子：梔子．
3) 疏糲：粗米．
4) 櫪：상수리나무．
5) 激激：물이 급하게 흐르는 소리．
6) 鞿：고삐．

1) 左遷：降職．藍關：陝西省商縣의 西北에 있음．
2) 九重天：皇帝를 가리킴．
3) 潮陽：廣東省 潮安縣．路八千：먼 길을 뜻함．
4) 聖明：皇帝를 가리킴．

朽惜殘年[5]？ 雲橫秦嶺家何在[6]？ 雪擁藍關馬不前. 知汝遠來應有意,[7] 好收吾骨瘴江邊.[8]

調張籍

韓　愈

李杜文章在, 光燄萬丈長. 不知羣兒愚, 那用故謗傷！ 蚍蜉[1]撼大樹, 可笑不自量. 伊我生其後, 擧頸遙相望. 夜夢多見之, 晝思反微茫. 徒觀斧鑿痕, 不矚治水航. 想當施手時, 巨刃摩天揚. 垠崖劃崩豁, 乾坤擺雷硠.[2] 惟此兩夫子, 家居率荒涼. 帝欲長吟哦, 故遣起且僵. 翦翎送籠中, 使看百鳥翔. 平生千萬篇, 金[3]薤垂琳琅. 仙官敕六丁,[4] 雷電下取將. 流落人間者, 太山一豪芒.[5] 我願生兩翅, 捕逐出八荒. 精誠互交通, 百怪入我腸. 刺手拔鯨牙, 擧瓢酌天漿.[6] 騰身跨汗漫, 不著織女襄.[7] 顧語地上友, 經營無太忙[8]！ 乞君飛霞佩, 與我高頡頏.[9]

---

5) 惜殘年：晩年을 애석히 여김.
6) 秦嶺：陝西省 南部의 山嶺을 통틀어 말함.
7) 汝：너. 韓湘을 가리킴.
8) 瘴江邊：毒氣로 가득한 韓江邊의 潮陽을 가리킴.

1) 蚍蜉：왕개미.
2) 雷硠：무너지는 소리.
3) 金薤：금빛 염교(염교는 백합과에 속하는 다년초)
4) 六丁：道書에 「陽官은 六甲, 陰官은 六丁.」
5) 太山一豪芒：太山에 한낱 豪芒처럼 적음.
6) 酌天漿：高潔함을 비유. (山海經)
7) 織女襄：毛詩「跂彼織女, 終日七襄」에서 引用.
8) 無太忙：너무 바빠하지 말라는 뜻.
9) 頡頏：毛詩「頡之頏之」에서 引用. 새가 오르락 내리락 하는 모양.

聽穎師[1]彈琴

韓　愈

呢呢兒女語，恩怨相爾汝，劃然變軒昂，[2] 勇士赴敵場．浮雲柳絮無根蔕，天地闊遠隨飛揚．喧啾百鳥羣，忽見孤鳳凰．躋攀[3]分寸不可上，失勢一落千丈强．[4] 嗟余有兩耳，未省聽絲篁．自聞穎師彈，起坐在一旁．推手遽止之，濕衣淚滂滂．[5] 穎乎爾誠能，無以冰炭置我腸．[6]

1) 穎師：중의 이름.
2) 劃然變軒昂：劃然은 긋거나 베는 소리. 軒昂은 세력이 성함.
3) 躋攀：기어오름.
4) 强：남음이 있음.
5) 滂滂：흐름.
6) 無以冰炭置我腸：冰炭은 서로 성질이 달라서 용납되지 못함을 뜻함. 莊子・人間世의 註에 「喜懼戰于胸中，固已結冰炭于五藏矣」를 참고.

猛虎行[1)]

張　　　籍

南山北山樹冥冥,[2)] 猛虎白日繞[3)]村行. 向晩一身[4)]當道食, 山中麋鹿盡無聲.[5)] 年年養子在空谷,[6)] 雌雄上下不相逐.[7)] 谷中近窟[8)]有山村, 長向村家取黃犢.[9)] 五陵年少[10)]不敢射, 空來林下看行跡.[11)]

張籍(768~830) : 字는 文昌. 和州 烏江(지금의 安徽省 和縣) 사람. 벼슬은 國子司業에 이름. 杜甫를 숭배하였으며, 白居易·元稹 등과 風格이 비슷했음, 「張司業詩集」을 남겼음.

---

1) 行 : 古代 歌曲體裁의 하나로 「歌行體」라고 함.
2) 冥冥 : 어두운 모양.
3) 繞 : 빙빙 돎.
4) 一身 : 猛虎를 가리킴. 向晩 : 초저녁.
5) 麋 : 鹿과 같음.
6) 養子 : 猛虎가 새끼를 키움.
7) 不相逐 : 서로 행동을 달리함.
8) 窟 : 굴.
9) 長 : 항상(常).
10) 五陵 : 長安城 밖에 있으며 漢朝 五皇帝를 묻은 곳.
11) 行跡 : 猛虎의 발자국.

節 婦 吟[1]

張 籍

君知妾有夫, 贈妾雙明珠, 感君纏綿意,[2] 繫在紅羅襦.[3] 妾家高樓連苑[4]起, 良人執戟明光里.[5] 知君用心如日月, 事夫誓擬同生死.[6] 還君明珠雙淚垂, 恨不相逢未嫁時.

1) 節婦 : 情節을 지킨 여인. 吟 : 歌.
2) 纏綿意 : 떨칠 수 없는 사랑.
3) 羅襦 : 명주로 짠 짧은 웃옷. 繫 : 매닮.
4) 苑 : 花園.
5) 良人執戟明光里 : 良人은 남편. 戟은 창의 一種. 明光은 漢代의 皇宮을 가리킴.
6) 擬 : 헤아림. 如日月 : 光明正大하게.

雨[1]過山村

王　建

雨裏雞鳴一兩家，竹溪村路板橋斜．婦姑相喚浴蠶[2]去，閑着中庭[3]梔子花．

望夫石[1]

王　建

望夫處，江悠悠，[2] 化爲石，不回頭！ 山頭日日風復雨，[3] 行人歸來石應語．[4]

王建(768～830？)：潁州(지금의 河南省 許昌市) 사람. 字는 仲初, 渭南尉, 陝州司馬 등을 역임. 宮詞百首가 널리 알려짐. 著書로는 「王司馬集」이 있음.

---

1) 雨：雨中에
2) 婦姑：시누이와 올케. 相喚：서로 소리쳐 부름. 浴蠶：옛날엔 소금물로 누에를 가려냈음.
3) 閑：閒. 中庭：정원 가운데. 梔子：치자나무.

1) 望夫石：산꼭대기에 올라가 남편 오길 기다리던 婦人이 마침내는 돌이 되었다는 傳說을 題材로 하여 民歌形式으로 썼음.
2) 悠悠：영원히 끊이지 않고 흐름.
3) 風復雨：바람 불고 비가 옴.
4) 行人：望夫石이 된 婦人의 남편.
5) 語：말함.

烏衣巷[1]

劉 禹 錫

朱雀橋[2]邊野草花,[3] 烏衣巷口夕陽斜, 舊時王謝[4]堂前燕, 飛入尋常百姓家.[5]

竹枝詞[1]

劉 禹 錫

楊柳靑靑江水平, 聞郞江上唱歌聲, 東邊日出西邊雨, 道是無晴却有晴.[2]

劉禹錫(772~842) : 字는 夢得, 彭城(지금의 江蘇省 徐州市) 사람. 벼슬은 集賢殿學士를 거쳐 蘇州刺史에 이르렀으나 좌천당함. 著書로 「劉賓客集」 四十卷이 있음.

---

1) 烏衣巷 : 東晉의 宰相 王導와 謝安 등 兩家가 살았던 마을인 바, 그들이 모두 검은 옷을 즐겨 입었으므로 烏衣巷이라 불리웠고, 지금의 南京.
2) 朱雀橋 : 역시 南京에 있으며 六朝時代 都城의 南門 밖에 있었던 큰 다리.
3) 花 : 動詞로 쓰임.
4) 王謝 : 王導와 謝安.
5) 尋常百姓家 : 平民의 집.

1) 竹枝詞 : 古代歌曲中의 하나로 본래는 西南地區의 民間歌謠이었으나 劉禹錫이 改作하였음.
2) 晴 : 雙關語. 「情」과 同音으로 맑게 개임의 뜻과 愛情의 뜻을 모두 지녔음.

石頭城[1]

劉 禹 錫

山圍故國周遭在,[2] 潮打空城寂寞回.[3] 淮水[4]東邊舊時月, 夜深還過女牆[5]來.

浪淘沙[1]

劉 禹 錫

九曲黃河萬里沙,[2] 浪淘風簸自天涯.[3] 如今直上銀河[4]去, 同到牽牛織女[5]家.

1) 石頭城 : 江蘇 南京 서쪽에 자리한 石頭山의 뒤에 있음. 三國 때부터 城砦와 宮殿이 있었다 함.
2) 故國 : 옛 왕실터. 周遭 : 에워쌓음.
3) 潮打空城寂寞回 : 썰물이 황량한 옛성을 치다가 저절로 돌아가는 모양.
4) 淮水 : 秦淮河.
5) 女牆 : 낮은 담.

1) 浪淘沙 : 唐朝 歌曲의 하나임.
2) 九曲 : 구비구비. 九는 많은 것을 나타냄.
3) 簸 : 몹시 흔들림. 自天涯 : 저절로 하늘 끝으로 흐름.
4) 銀河 : 神話 속에서 牽牛와 織女가 이것을 건너서 서로 만난다 하여 「河」라고 함.
5) 牽牛織女 : 星座名.

賣炭翁[1]

白　居　易

賣炭翁，伐薪燒炭南山[2]中．滿面塵灰煙火色，兩鬢蒼蒼[3]十指黑．賣炭得錢何所營[4]？身上衣裳口中食．可憐身上衣正單，心憂炭賤愿天寒．[5] 夜來城外一尺雪，曉駕炭車輾冰轍．[6] 牛困人飢日已高，市南門外泥中歇．兩騎翩翩[7]來是誰？黃衣使者白衫兒．[8] 手把文書口稱「勅」，[9] 回車叱牛牽向北．[10] 一車炭重千餘斤，宮使驅將惜不得．[11] 半匹紅紗一丈綾，繫向牛頭充炭値[12]！

白居易(772～846)：字는 樂天，下邽人(지금의 陝西，渭南縣) 諫官，司馬，刺史，刑部尚書 등을 지냈고，元稹과 함께 平易한 社會詩，大衆詩，叙事詩를 많이 남겼음．

---

1) 唐朝庭의 「宮市」를 배척함．宮市는 貞元末年의 병폐한 政策
2) 伐薪：장작을 팸．南山：長安 南쪽 郊外의 山．
3) 蒼蒼：노쇠한 모양．
4) 何所營：어떻게 사는가？營：생계를 꾀함．
5) 心憂炭賤愿天寒：炭값이 내릴까 두려워 날이 춥기만 바라네．
6) 輾：뒤집어짐．冰轍：바퀴자국에 패여진 길이 얼었음．
7) 騎：말탄 사람．翩翩：날듯이 빨리 지나는 모양．
8) 黃衣，白衫：太監의 服裝，여기서는 皇宮에서 석탄을 구입하러온 사람．
9) 把：…을 들고，勅：황제의 명령．
10) 回車：수레를 돌림．牽向北：수레을 北쪽(皇宮이 所在한)으로 끎．
11) 宮使：皇宮에서 보낸 「黃衣使者」．
12) 炭値：炭價．

古原[1]草

白　居　易

離離[2]原上草，一歲一枯榮.[3] 野火燒不盡，春風吹又生. 遠芳侵古道,[4] 晴翠接荒城.[5] 又送王孫去，萋萋滿別情.[6]

寄微之三首[1]

白　居　易

江州望通州,[2] 天涯與地末，有山萬丈高，有江千里濶. 間之以雲霧，飛鳥不可越，誰知千古險，爲我二人設. 通州君初到，鬱鬱愁如結,[3] 江州我方去，迢迢行未歇. 道路日乖隔，音信日斷絕，因風欲寄語，地遠聲不徹. 生當復相逢，死當從此別！

君遊襄陽日,[4] 我在長安住，今君在通州，我過襄陽去. 襄陽九里

1) 原：原野.
2) 離離：무성한 모양.
3) 枯榮：盛衰.
4) 遠芳：멀리 이어진 한 무더기 풀. 侵古道：오래된 길을 침범함.
5) 晴翠接荒城：맑게 개인날이면 녹색이 荒城으로 連해 있네.
6) 萋萋滿別情：「楚辭」의 「王孫游兮不歸，春草生兮萋萋」의 典故. 王孫은 貴族을 말하나 여기선 자기 친구를 가리키며，萋萋는 풀이 무성한 모양.

1) 이 三首의 詩는 白居易가 江州에 처음 가서 通州의 司馬로 간 元稹에게 보낸 것.
2) 江州：四川의 巴縣. 通州：四川의 達縣.
3) 結：鬱結(마음이 울적함)
4) 襄陽：湖北省內의 縣.

郭，樓堞[5] 連雲樹；顧此稍依依，是君舊遊處．蒼茫蒹葭水，[6] 中有潯陽路，此去更相思，江西少親故．

去國日已遠，喜逢物似人，如何含此意，江上坐思君？有如河嶽氣，相合方氛氳．[7] 狂風吹中絕，兩處成孤雲．風迴終有時，雲合豈無因？努力各自愛，窮通我爾身！

湖亭晩歸[1]

白 居 易

盡日湖亭臥，心閑事亦稀．起因殘醉醒，坐待晩涼歸．松雨飄藤帽，江風透葛衣．柳堤行不厭，沙軟絮霏霏．[2]

城上對月期友人不至

白 居 易

古人惜晝短，勸令秉燭遊，[1] 況此迢迢夜，[2] 明月滿西樓．復有盈尊(一作尊中)酒，置在城上頭．期君君不至，人月兩悠悠．照水煙波白，照人肌髮秋．淸光正如此，不醉即須愁．

---

5) 堞：나지막한 담장.
6) 蒹葭：갈대.
7) 氛氳：아지랑이 모양.

1) 西湖를 노래한 最初의 五言詩.
2) 柳堤：버드나무를 심은 제방. 霏霏：버들개지가 무수히 날리는 모양.

1) 秉：잡음. 李白의 詩에 「古人秉燭夜遊」라 함.
2) 迢迢：높은 모양, 여기서는 한 밤중을 말함.

問劉十九[1]

白　居　易

綠螘[2]新醅酒，紅泥小火爐．晚來天欲雪，能飮一杯無？

贈內子[1]

白　居　易

白髮長興歎，青蛾亦伴愁．寒衣補燈下，小女戲牀頭．闇澹屛幃故，淒涼枕簟秋．貧中有等級，猶勝嫁黔婁．[2]

---

1) 劉十九：劉禹錫을 두고 말함．禹錫이 집안에서 열 아홉째라 합．
2) 綠螘：螘는 蟻，술이 익을 때 끓는 모습이 개미와 같다함．

1) 아내에게 주는 詩인데，詩中의 「貧中有等級」은 「위에 비하면 부족하고 아래에 비하면 남음이 있는」 所謂 「知足」思想을 나타낸 것임．
2) 黔婁：戰國時代 齊나라 사람．청렴하여 富貴에 汲汲하지 않았음．

江　雪

柳　宗　元

千山鳥飛絶，萬徑人蹤[1]滅．孤舟蓑笠翁，[2] 獨釣寒江雪．

登柳城樓寄漳，汀，封，連四州刺史[1]

柳　宗　元

城上高樓接大荒，海天愁思正茫茫．驚風亂颭芙蓉[2]水，密雨斜侵薜荔[3]牆．嶺樹重遮千里目，江流曲似九廻腸．[4] 共來百越文身地[5]猶自音書滯一鄉！

柳宗元(773~819)：字는 子厚로 山西 河東人．風格이 清新한 詩文을 남겼던 바，특히 遊記에 뛰어났음．「柳河東集」을 남겼음．

---

1) 蹤：발자취．
2) 蓑笠翁：우장과 삿갓을 쓴 漁翁．

1) 柳城：지금의 廣西 柳江縣．漳州：福建 龍溪縣．汀州：福建 長汀縣．封州：廣東封川縣．連州：廣東連縣．韓泰．韓曄．陳謙．劉禹錫 등이 이상 四州에 刺史로 있었음．
2) 芙蓉：연꽃．
3) 薜荔：香草로서 나무를 타고 자람．
4) 九廻腸：司馬遷의 報任安書：「腸一日而九廻」에서 引用．
5) 百越文身地：百越은 지금의 閩，浙，兩廣 등 省을 말함．文身은 몸에 꽃무늬를 刺繡한 것임．

漁　翁

柳　宗　元

漁翁夜傍[1]西巖宿，曉汲清湘燃楚[2]竹．煙消日出不見人，欸乃[3]一聲山水綠．回看天際下中流，[4] 巖上無心[5]雲相逐．

溪　居[1]

柳　宗　元

久爲簪組[2]累，幸此南夷謫．閒依農圃鄰，偶似山林客．曉耕翻露草，夜榜[3]響溪石．來往不逢人，長歌楚天[4]碧．

---

1) 傍：의지하다.
2) 曉汲：새벽에 물을 긷다. 楚竹：湖南의 대.
3) 欸乃：노를 젓는 소리.
4) 下中流：中流로 내려감.
5) 無心：무심코.

1) 溪居：愚溪에 집을 정함. 愚溪는 湖南 零陵縣西南에 있음.
2) 簪組：簪纓과 같으니，官職을 뜻함.
3) 榜：배를 띄움.
4) 楚天：湖南지방의 하늘을 뜻함.

種竹并序[1]

元　稹

昔樂天贈予詩云：無波古井水，有節秋竹竿．予秋來種竹廳下，因而有懷，聊書十韻.

昔公憐有直,[2] 比之秋竹竿，秋來苦相憶，種竹廳前看．失地[3]顏色改，傷根枝葉殘．淸風猶淅淅，高節空團團．鳴蟬聒暮景，跳蛙集幽欄．塵土復晝夜，梢雲良獨難．丹丘[4]信云遠，安得臨仙壇？瘴江[5]多草綠，何人驚歲寒．可憐亭亭幹，一一青琅玕.[6] 孤鳳[7]竟不至，坐傷時節闌！

元稹(779~831)：字는 微之．(지금의 河南省 洛陽市) 사람．監察御史와 通州(四川省 達縣) 司馬를 지냈으며，詩風은 白居易와 相近함．著書로「元氏長慶集」이 있음.

---

1) 種竹并序：대쪽같은 節槪를 비유한 詩에 序를 곁들임.
2) 憐有直：곧고 바른 절개가 있음을 어여삐여김.
3) 失地：설땅을 잃음．傷根：失地와 함께 打擊을 입음을 비유함.
4) 丹丘：仙人이 사는 산.
5) 瘴江：열병의 원인이 되는 惡氣가 있는 江.
6) 琅玕：옥이름．아름다운 대나무.
7) 孤鳳：鳳凰은 대나무 열매만을 먹는다 함.

田家詞

元　稹

牛吒吒,[1] 田確確, 旱塊敲牛蹄趵趵,[2] 種得官倉珠顆穀.[3] 六十年來兵簇簇,[4] 月月食糧車轆轆. 一日官軍收海服,[5] 驅牛駕車食牛肉, 歸來收得牛兩角, 重鑄耬犂[6]作斤劚. 姑舂婦擔去輸官, 輸官不足歸賣屋. 願官早勝讎早覆, 農死有兒牛有犢, 誓不遣官軍糧不足.

採珠行

元　稹

海波無底珠沉海, 採珠之人判死[1]採. 萬人判死一得珠, 斛量買婢[2]人何在? 年年採珠珠避人, 今年採珠由海神; 海神採珠珠盡死, 死盡明珠空海水. 珠爲海物海屬神, 神今自採何況人?

---

1) 吒吒 : 소가 헐떡거리는 소리.
2) 趵趵 : 발굽소리.
3) 珠顆穀 : 곡식이 진주같이 귀함.
4) 六十年 : 安史의 亂 이후 六十年이 흐름. 簇簇 : 떼지어 한군데 모인 모양.
5) 轆轆 : 수레소리. 海服 : 邊疆을 가리킴.
6) 耬 : 씨뿌리는 수레. 犂 : 쟁기. 劚 : 호미와 같이 생긴 農具.

1) 判死 : 죽도록.
2) 斛量買婢 : 石崇이 數斛의 진주로 美姬 綠珠를 산 것을 말함.
※ 石崇 : 晉나라 南皮 사람인 바, 海上 무역으로 巨富가 됨. 후에 孫秀가 石崇의 美姬를 탐내어 그를 달라고 하자 그만 綠珠가 물에 빠져 자살하였음.

憶遠曲

元 稹

憶遠曲，郞身不遠郞心遠．沙隨郞飯俱在匙，[1] 郞意看沙那比飯？水中書字無字痕，君心暗畫誰會君？ 況妾事姑姑進止，身去門前同萬里．一家盡是郞腹心，妾似生來無兩耳．妾身何足言，聽妾私勸君：君今夜夜醉何處，姑來伴妾自閉門．嫁夫恨不早，養兒將備老，妾自嫁郞身骨立，老姑爲郞求娶妾．妾不忍見[2] 姑郞忍見，爲郞忍耐看姑面．

雪 天[1]

元 稹

故鄕千里夢，往事萬重悲．小雪沉陰夜，閑窗老病時．獨聞歸去雁，偏詠別來詩．慚愧紅妝女，頻驚兩鬢絲．

---

1) 匙：숟가락.
2) 不忍見：차마 볼 수 없음.

1) 雪天：눈오는 날 느낀 閑情을 씀.
2) 慚愧：부끄러워함.

渡桑乾[1]

賈　島

客舍并州已十霜,[2] 歸心日夜憶咸陽.[3] 無端更[4]渡桑乾水, 却望并州是故鄕.[5]

尋隱者[1]不遇

賈　島

松下問童子, 言師採藥[2]去 ; 只在此山中, 雲深不知處.[3]

賈島(779～843) : 范陽(지금의 北京市 부근) 사람. 字는 浪仙, 원래는 중이었으나 還俗하여 長江의 主簿를 역임했기로 賈長江이라 일컬으며 著書로는 「長江集」이 있음.

1) 桑乾 : 桑乾河, 지금의 永定河. 山西省 馬邑縣 北쪽에서 出源하여 河北省을 거쳐 바다로 흘러듦.
2) 客舍 : 他鄕에 거주함. 并州 : 지금의 山西省 太原市. 十霜 : 十秋, 十年.
3) 咸陽 : 지금의 陝西省 內에 있음. 여기서는 長安을 말함.
4) 無端 : 까닭 없이. 更 : 再.
5) 却望并州是故鄕 : 고개를 돌려, 并州를 바라보니 그 또한 내게는 故鄕같네.

1) 隱者 : 隱士.
2) 採藥 : 藥材를 캠.
3) 只在此山中·雲深不知處 : 師父는 이 산중에 있으나 구름이 첩첩하여 어디 계신 지 알 수가 없다 하네.

夢 天[1)]

李 賀

老兎寒蟾泣天色,[2)] 雲樓半開壁斜白.[3)] 玉輪軋露濕團光,[4)] 鸞珮相逢桂香陌.[5)] 黃塵淸水三山[6)]下, 更變千年如走馬,[7)] 遙望齊州九點煙,[8)] 一泓海水盃中瀉.[9)]

李賀(790~816) : 字는 長吉. 唐나라 鄭王의 후손. 昌谷(지금의 河南省 宜陽縣 西쪽)에서 出生하여 夭折. 詩가 神秘하고 想像力이 豊富하나 奇句를 많이 써서 難澀함.

南 園[1)]

李 賀

花枝草蔓眼中開, 小白長紅越女腮.[2)] 可憐日暮嫣香[3)]落, 嫁與春風[4)]不用媒.

---

1) 夢天 : 꿈에 하늘을 봄.
2) 老兎寒蟾 : 달 속에 토끼와 두꺼비가 있다는 神話가 있음. 泣天色 : 하늘이 물처럼 푸름(마치 토끼와 두꺼비가 흘린 눈물 때문인 것처럼).
3) 雲樓 : 月宮을 가리킴. 壁斜白 : 달빛이 기울어 비침.
4) 玉輪 : 달을 비유. 軋 : 「壓」, 「輾」의 뜻.
5) 鸞珮 : 仙女의 장식품인데 鸞모양으로 조각한 玉佩. 陌 : 밭두렁 길.
6) 黃塵 : 陸地. 淸水 : 바다. 三山 : 東海의 仙山 蓬萊. 方丈. 瀛洲임.
7) 更變千年如走馬 : 人間의 千年 세월이 仙人에게는 말 한 번 달리듯 짧음.
8) 齊州 : 中國을 가리킴. 九點煙 : 옛날엔 중국이 九州로 나뉘어졌음. 하늘에서 보면 마치 9개의 흐릿한 연점으로 보임.
9) 一泓 : 한 웅덩이.

1) 南園 : 李賀의 집. 昌谷 부근의 花園.
2) 越女腮 : 美女(西施가 越女였음)의 볼.
3) 嫣香 : 아리따운 자태와 향기.
4) 嫁與春風 : 봄 바람에 시집가다. 곧 바람에 떨어지다의 뜻.

秋 來

李 賀

桐風驚心壯士苦, 衰燈絡緯啼寒素.[1] 誰看青簡一編書,[2] 不遣花蟲粉空蠹.[3] 思牽今夜腸應直, 雨冷香魂弔[4]書客. 秋墳鬼唱鮑家詩,[4] 恨血千年土中碧.

出 城[1]

李 賀

雪下桂花稀, 啼烏被彈歸.[2] 關水乘驢影, 秦風帽帶垂.[3] 入鄉城可重, 無印[4]自堪悲. 卿卿[5]忍相問, 鏡中雙淚姿.

---

1) 絡緯 : 베짱이 혹은 여치. 寒素 : 차디찬 베.
2) 青簡 : 古代에 종이 대신 푸른 대껍질에 글씨를 썼음. 書籍.
3) 粉空蠹 : 헛되게 좀의 가루가 되다.
4) 雨冷香魂 : 죽은 미녀의 넋을 가리킴.
5) 鮑家詩 : 鮑照의 死者를 대신하여 쓴 詩篇.

1) 出城 : 科擧에 落第한 失意를 묘사함.
2) 啼烏被彈歸 : 우는 가마귀가 탄환에 맞아 돌아감은 落第된 自己를 비유.
3) 關水…帽帶垂 : 노새를 타고 나루를 건널 때 흐트러진 용모를 묘사함.
4) 無印 : 功名을 얻지 못함.
5) 卿卿 : 妻子.

泊秦淮[1]

杜　　牧

煙籠[2]寒水月籠沙，夜泊秦淮近酒家．商女[3]不知亡國恨，隔江猶唱「後庭花」[4]！

清　明

杜　　牧

清明時節雨紛紛，路上行人欲斷魂.[1] 借問[2]酒家何處有？牧童遙指杏花村.[3]

杜牧(803~852)：字는 牧之，京兆萬年(지금의 陝西省 西安市) 사람. 晩唐의 이름난 詩人으로 風格이 豪放하고 七言絕句에 能함.

---

1) 泊秦淮：어슴푸레한 달빛 아래 南京의 秦淮河邊에 배를 대니 맞은편 해안의 酒樓에서 때마침 唱妓가 노래를 부르고 있는 광경.
2) 籠：둘러쌈.
3) 商女：唱妓.
4) 江：秦淮河. 猶：아직도. 「後庭花」：「玉樹後庭花」(陳의 後主 陳叔寶가 만든 歌曲名)

1) 斷魂：넋이 빠짐.
2) 借問：지나는 사람을 붙들고 물어봄.
3) 杏花村：酒確類書에 池州府(安徽省에 있음) 秀山門 밖에 杏花村이 있다고 함.

山 行[1]

杜 牧

遠上寒山石徑[2]斜，白雲生處有人家．停車坐愛楓林晩， 霜葉紅於二月花.[3]

秋 夕[1]

杜 牧

銀燭秋光冷畫屛,[2] 輕羅小扇撲流螢.[3] 天階[4]夜色涼如水，臥看牽牛織女[5]星.

---

1) 山行 : 산속을 다님.
2) 寒山 : 늦은 가을의 산. 徑 : 좁은 길.
3) 紅於 : …보다 붉다.

1) 秋夕 : 초가을 저녁 情景을 그린 詩.
2) 銀燭 : 곱게 비치는 촛불. 가을밤 병풍에 반사되는 하얀 촛불빛이 썰렁하게 느껴짐.
3) 輕羅小扇 : 얇은 비단으로 만든 작은 부채.
4) 天階 : 드러내진 돌계단.
5) 牽牛, 織女 : 별자리 이름.

無 題[1]

李 商 隱

相見時難別亦難,[2] 東風無力百花殘.[3] 春蠶到死絲方盡, 蠟炬成灰淚始乾.[4] 曉鏡但愁雲鬢改 ; 夜吟應覺月光寒.[5] 蓬萊此去無多路,[6] 靑鳥殷勤爲探看.[7]

夜雨寄北[1]

李 商 隱

君問歸期未有期,[2] 巴山[3]夜雨漲秋池. 何當[4]共剪西窗燭, 却話[5]巴山夜雨時.

李商隱(812～858) : 字는 義山, 懷州河內(지금의 河南省 沁陽縣) 사람. 美麗한 文字와 音調가 特色이나 過多한 典故와 朦朧한 表現으로 詩가 晦澀함.

---

1) 題目名, 일종의 艶詩.
2) 難 : 앞의 것은 「難得」의 뜻, 뒤의 것은 「難捨難分」의 뜻.
3) 東風無力百花殘 : 離別의 時節과 失意의 情緖를 同時描寫했음.
4) 蠟炬 : 밀초. 淚 : 밀초의 溶液.
5) 曉鏡但愁雲鬢改, 夜吟應覺月光寒 : 아침에 거울을 비춰보니, 오로지 까만 머리털이 윤기를 잃어감이 근심스럽고. 간밤에도 苦痛스런 심사를 읊조리니 달빛도 그와같은 듯 차가우네.
6) 蓬萊 : 옛 사람들이 東海 안에 있다고 믿은 仙山.
7) 靑鳥 : 발이 셋이라는 神話 속의 새로서 使者 或은 편지를 비유.

1) 夜雨寄北 : 비오는 밤에 北方에 있는 친구에게 쓴 詩.
2) 君 : 친구. 未有期 : 기약하지 못함.
3) 巴山 : 四川省에 있는 山을 통칭함.
4) 何當 : 어느 때에나.
5) 却話 : 다시 말하다.

嫦 娥[1]

李 商 隱

雲母屛風燭影深,[2] 長河漸落曉星沉.[3] 嫦娥應悔偸靈藥, 碧海青天夜夜心.[4]

登樂遊原[1]

李 商 隱

向晩意不適,[2] 驅車登古原, 夕陽無限好, 只是近黃昏.

---

1) 嫦娥 : 古代神話中의 女人으로 그 남편의 仙藥을 훔쳐 먹고 月宮으로 혼자 날아갔다 함.
2) 雲母 : 無色透明한 礦物로 병풍의 재료.
3) 長河 : 銀河水.
4) 嫦娥應悔偸靈藥, 碧海青天夜夜心 : 嫦娥는 마땅히 仙藥 훔친 것을 후회하여 끝없이 푸르른 蒼空을 대하곤 밤마다 그리워하리.

1) 樂遊原 : 陝西 長安 남쪽의 언덕.
2) 不適 : 우울함.

贈少年

溫　庭　筠

江海相逢客恨[1]多，秋風葉下洞庭波.[2] 酒酣夜別淮陰市,[3] 月照高樓一曲歌.[4]

商山早行[1]

溫　庭　筠

晨起動征鐸,[2] 客行悲故鄕. 鷄聲茅店月，人迹板橋霜.[3] 槲葉[4]落山路，枳花明驛牆. 因思杜陵夢，鳧雁滿迴塘.

溫庭筠(818～872？)：字는 飛卿，太原(지금의 山西省內) 사람. 李商隱과 함께 唯美派詩人으로 불리움.

---

1) 江海：他鄕. 客恨：鄕愁.
2) 洞庭：지금의 湖南省에 있는 湖水. 「楚辭」中의 「嫋嫋兮秋風，洞庭波兮木葉下」句를 引用함.
3) 酣：酒興이 한창 일어남. 淮陰：江蘇省 淸江市.
4) 月照高樓一曲歌：술이 취하고 高樓에 달빛이 비출 때 서로 이별가를 부름.

1) 商山：陝西省 商縣의 동쪽에 있음.
2) 鐸：큰 방울.
3) 板橋：河南 正陽縣，商山으로 가는 途中에 있음.
4) 槲：송진.

感弄猴人賜朱紱[1]

羅　　隱

十二三年就試期,[2] 五湖煙月奈相違.[3] 何如學取孫供奉,[4] 一笑君王便著緋[5]!

綿谷[1]廻寄蔡氏昆仲

羅　　隱

一年兩度錦江游, 前値東風後値秋. 芳草有情皆礙馬,[2] 好雲無處不遮樓. 山牽別恨和腸斷, 水帶離聲入夢流. 今日因君試廻首, 澹煙喬木隔綿州.[3]

羅隱(833～909) : 錢塘(지금의 浙江省 杭州市) 사람. 吳越王 錢鏐 밑에서 벼슬을 하였음.

1) 朱紱 : 紱은 印綬(벼슬아치로 임명되면 임금으로부터 받는 標章)
2) 就試 : 과거를 치름. 羅隱은 열 번이나 과거에 응시했다 낙방하였음.
3) 奈 : 無奈.
4) 供奉 : 某種의 特技로 皇帝를 돕는 벼슬.
5) 著緋 : 朱紱을 입음.

1) 綿谷 : 四川의 廣元縣.
2) 礙馬 : 말의 걸음을 막음.
3) 綿州 : 四川의 綿陽縣.

送人遊吳[1]

杜 荀 鶴

君到姑蘇[2]見：人家盡枕河.[3] 古宮[4]閑地少，水港小橋多. 夜市賣菱藕，春船載綺羅.[5] 遙知未眠月,[6] 相思在漁歌[7]

山中寡婦

杜 荀 鶴

夫因兵死守蓬茅,[1] 麻苧衣衫鬢髮焦.[2] 桑柘廢來猶納稅,[3] 田園荒後尙征苗.[4] 時挑野菜和羹煮，旋斫生柴帶葉燒.[5] 任[6]是深山更深處，也應無計避征徭[7]！

杜荀鶴(846~940)：晚唐 詩人. 晩年에 進士에 급제하여 翰林學士를 지냄.

---

1) 吳：지금의 江蘇省 蘇州.
2) 君：2인칭 대명사. 姑蘇：蘇州의 옛 이름.
3) 枕河：河邊에 집을 세움.
4) 古宮：春秋時代엔 蘇州가 吳나라의 都城이었음.
5) 春船：봄날의 유람선. 綺羅：명주옷을 입은 遊客을 말함.
6) 遙知未眠月：멀리 있는 그대를 생각하며 잠을 못 이루는 달밤.
7) 漁歌：어부의 노랫소리.

1) 夫因兵死守蓬茅：지아비는 전쟁에 나가 죽고, 홀로 남아 띳집을 지키네. (蓬茅는 띳집)
2) 麻苧：여기서는 粗布를 말함. 焦：말라서 누렇게 됨.
3) 柘：산뽕나무.
4) 征苗：稅로 糧食을 걷움.
5) 旋斫：금방 찍어 벰.
6) 任：任憑(아무리…할지라도)
7) 征徭：租稅와 부역.

宋　　詩

《宋 詩》

寒 食[1]

王 禹 偁

今年寒食在商山,[2] 山裏風光亦可憐[3]：稚子就花拈蛺蝶, 人家依樹繫鞦韆, 郊原曉綠初經雨, 巷陌春陰乍禁煙. 副使官閑莫惆悵, 酒錢猶有撰碑錢.[4]

村 行

王 禹 偁

馬穿山徑菊初黃, 信馬悠悠野興長. 萬壑有聲含晚籟,[1] 數峰無語立斜陽. 棠梨葉落胭脂色,[2] 蕎麥花開白雪香.[3] 何事吟餘忽惆悵？村橋原樹似吾鄉！

王禹偁(954～1001)：字는 元之. 鉅野 사람. 著書로「小畜集」이 있음. 杜甫와 白居易의 詩를 提唱하면서 北宋初의 輕佻浮華의 詩風을 배척.

---

1) 寒食：晉文公 介子推가 산에서 불에 타 죽은 날로 그를 哀悼하여 불을 금하고 찬 음식을 먹음.
2) 商山：陝西省 商縣. 淳化 二年(991) 宋太宗에게 죄를 얻어 商州團練副使로 貶斥됨. 여기서「今年」은 商山에 있되 去年은 汴梁에서 寒食을 보냈노라는 追憶을 표시함.
3) 可憐：사랑스럽다.
4) 撰碑錢：남에게 碑銘이나 墓誌銘 등을 지어주고 받는 글값.

1) 晩籟：저녁 무렵의 바람소리.
2) 棠梨：팥배나무. 胭脂：연지.
3) 蕎麥 메밀.

魯山[1)]山行

梅　堯　臣

適與野情愜,[2)] 千山高復低. 好峰隨處改, 幽徑獨行迷. 霜落熊升樹, 林空鹿飮溪. 人家在何許.[3)] 雲外一聲雞.

田　家

梅　堯　臣

南山嘗種豆, 碎莢落風雨,[1)] 空收一束萁,[2)] 無物充煎釜.[3)]

陶　者[1)]

梅　堯　臣

陶盡門前土, 屋上無片瓦, 十指不霑泥, 鱗鱗居大廈.[2)]

梅堯臣(1002~1060) : 字는 聖兪. 宣城 사람. 著書로 「宛陵先生集」이 있음. 벼슬은 都官員外郞을 지냈으며, 空虛하고 晦澀한 것을 反對하고 「平淡」을 주장.

---

1) 魯山 : 河南省 魯山縣의 東北쪽에 있으며 露山이라고도 함.
2) 適與野情愜 : 마침 자연을 즐기는 성미에 맞음.
3) 何許 : 어디.

1) 碎萊落風雨 : 콩깍지가 비바람에 떨어짐.
2) 箕 : 콩대.
3) 이 詩는 漢代 楊惲의 조정을 풍자한 詩. 「報孫會宗書」와 曹植의 兄弟相爭의 詩 「七步詩」를 引用하여 악순환하는 농민들의 빈곤을 묘사함.

1) 陶者 : 질그릇 굽는 사람.
2) 鱗鱗 : 비늘처럼 빽빽한 기와의 모양. 大廈 : 큰집.

夏 意

蘇 舜 欽

別院深深夏席清，石榴開遍透簾明.[1] 樹陰滿地日當午，夢覺流鶯時一聲.

淮中晚泊犢頭[1]

蘇 舜 欽

春陰垂野草青青，時有幽花一樹明.[2] 晚泊孤舟古祠下，滿川風雨看潮生.

蘇舜欽(1008～1048)：字는 子美. 開封 사람. 范仲淹의 추천으로 集賢校理가 되었으며 梅堯臣과 함께 平淡한 詩를 써서 「蘇學士文集」을 남김.

1) 石榴：丹若. 遍：두루.

1) 犢頭：淮河邊의 村落.
2) 幽花：그윽히 쓸쓸하게 핀 꽃.

晩泊岳陽

歐 陽 修

臥聞岳陽[1]城裏鐘, 繫舟岳陽城下樹. 正見空江明月來, 雲水蒼茫失江路.

夜深江月弄淸輝, 水上人歌月下歸, 一闋聲長聽不盡, 輕舟短楫去如飛.

別 滁[1]

歐 陽 修

花光濃爛柳輕明, 酌酒花前送我行. 我亦且[2]如常日醉, 莫敎絃管作離聲.[3]

歐陽修(1007~1072) : 字는 永叔. 號는 醉翁 또는 六一居士 盧陵 사람. 벼슬은 樞密府使, 參知政事에 이르렀고 志氣가 自若하였음. 散文, 詩, 詞에 모두 能하여 唐·宋八大家에 꼽힘. 「歐陽永叔全集」. 「新唐書」. 「新五代史」 등을 著述.

---

1) 岳陽 : 湖南省 岳陽縣으로 洞庭湖의 東岸에 있는 要地.

1) 別滁 : 滁州太守職을 떠날 때 지은 詩.

2) 且 : 秖라고도 함.

3) 莫敎絃管作離聲 : 唐代의 張謂가 쓴 「送盧擧使河源」中의 「長路關山何日盡, 滿堂絲管爲君愁」라는 句를 改作한 것으로 보임.

奉使道中作[1)]

歐 陽 修

客夢方在家, 角聲已催曉 ; 怱怱行人起, 共怨角聲早. 馬蹄終日踐冰霜, 未到思回空斷腸. 少貪夢裏還家樂, 早起前山[2)]路正長.

畫 眉 鳥[1)]

歐 陽 修

百囀千聲[2)]隨意移,[3)] 山花紅紫樹高低 ; 始知鎖向金籠[4)]聽, 不及林間自在[5)]啼.

---

1) 至和二年(1055) 겨울, 宋仁宗은 契丹王 就任式에 祝賀使節로 歐陽修를 보냈음.
2) 前山 : 혹은 「山前」이라고도 함.

1) 畫眉鳥 : 모양이 산새와 비슷하나 눈 위에 눈썹 같은 흰 반점이 있는 새.
2) 百囀千聲 : 새들이 요란하게 지저귐.
3) 移 : 넘을 뜻함.
4) 金籠 : 金으로 장식한 새장.
5) 自在 : 自由.

河 北 民

王　安　石

河北民，生近二邊長苦辛.[1] 家家養子學耕織，輸與官家事夷狄.[2] 今年大旱千里赤，州縣仍催給河役.[3] 老小相依來就南，南人豐年自無食.[4] 悲愁天地白日昏，路傍過者無顔色. 汝生不及貞觀中，斗粟數錢無兵戎[5]！

夜　直[1]

王　安　石

金爐香燼漏聲殘，翦翦輕風陣陣寒. 春色惱人眠不得,[2] 月移花影上欄杆.

王安石(1021～1086)：字는 介甫，號는 半山. 臨川 사람. 文章家이며 政治家로 神宗때 宰相에 이르렀고，政治改革과 新法을 주장하였음. 五七言絶詩에 能하여「臨川集」을 남겼음.

---

1) 二邊：遼와 西夏.
2) 輸與官家事夷狄：每年 宋나라는 遼에게 銀과 絹을 納했고 西夏에겐 銀·綺·絹·茶를 賜하였음. 事는 防禦의 뜻.
3) 今年大旱千里赤，州縣仍催給河役：비록 가뭄으로 먹을 게 없지만，관헌은 여전히 堤防工事를 독촉함.
4) 南人豐年自無食：南쪽이 비록 豊年이 들었다 하나(北쪽으로 모두 실어가기 때문에) 먹을 것이 없음.
5) 汝生不及貞觀中，斗粟數錢無兵戎：唐太宗 李世民이 貞觀 十五年 八月에 두 가지 慶事가 있었으니，即「連年豐收」하여「長安斗米值三四錢」함과「北虜久服，邊鄙無事」함. 後에 宋 神宗이 王安石에게 묻기를「唐太宗如何？」하니 그는「陛下當法堯舜，何以太宗爲哉！」라 함.

1) 夜直 · 當時의 制度로 每日 翰林學士 한 사람씩 지정되어 學士院 안에서 밤을 지냄. 오늘의 宿直에 상당.
2) 春色惱人眠不得：羅隱의「春日葉秀才曲江」詩中「春色惱人遮不得」句에서 나옴.

示長安君[1)]

王　安　石

少年離別意非輕，老去相逢亦愴情. 草草盃盤供笑語，昏昏燈火話平生. 自憐湖海三年隔，又作塵沙萬里行.[2)] 欲問後期何日是，寄書應見雁南征.

泊船瓜洲[1)]

王　安　石

京口瓜州一水間，鍾山秖隔數重山.[2)] 春風又綠江南岸,[3)] 明月何時照我還.

---

1) 長安君 張奎(王安石의 妹夫)에게 줌.
2) 又作塵沙萬里行：宋仁宗 嘉祐 五年(1060) 王安石이 遼로 파견되어 나갈 때 쓴 것으로 보임.

1) 瓜洲：長江의 北岸에 있으며 鎭江의 「京口」와 맞봄. 이 詩는 王安石이 金陵을 그리다 쓴 것임.
2) 鍾山：金陵에 있는 名勝地로 王安石이 살던 곳.
3) 春風又綠江南岸：「綠」字를 처음엔 「到」字로 후엔 「過」·「入」·「滿」字 等으로 推敲했음. (洪邁의 「容齋續筆」卷八)

雨花臺[1)]

王 安 石

盤互長干有絕陘,[2)] 並包佳麗[3)]入江亭. 新霜浦溆綿綿白, 薄晚林巒往往青. 南上欲窮牛渚怪,[4)] 北尋難忘草堂靈.[5)] 篌輿[6)]卻走垂楊陌, 已載寒雲一兩星.

1) 雨花臺 : 南京市 南聚寶山 위에 있으며, 梁武帝 때 雲光法師가 이곳에서 講經하니 하늘이 感動하여 雨花를 내렸다 함.
2) 陘 : 산이 끊긴 곳.
3) 佳麗 : 太守 馬亮이 세운 亭子.
4) 牛渚怪 : 牛渚란 웅덩이엔 怪物이 많다 함. (晋書, 溫嶠傳)
5) 草堂靈 : 草堂의 英靈. (孔稚珪의 北山移文)
6) 篌輿 : 대로 역은 가마.

紅 梅[1]

蘇 軾

怕愁貪睡獨開遲, 自恐冰容不入時.[2] 故作小紅桃杏色,[3] 尙餘孤瘦雪霜姿. 寒心未肯隨春態, 酒暈無端上玉肌.[4] 詩老不知梅格在, 更看綠葉與靑枝.

有美堂暴雨[1]

蘇 軾

遊人脚底一聲雷, 滿座頑雲撥不開; 天外黑風吹海立, 浙東飛雨過江來. 十分瀲灩金樽凸,[2] 千杖敲鏗羯鼓催.[3] 喚起謫仙泉灑面,[4] 倒傾鮫室瀉瓊瑰.[5]

蘇軾(1036~1101) : 字는 子瞻, 號는 東坡居士로 眉山人. 蘇洵의 長子로 한 때 벼슬이 翰林學士, 兵部尙書에 이르렀고, 詩, 詞, 文 등 各장르에 탁월한 作品을 남겨 宋代를 누빈 代表的 文豪. 「東坡集」을 남김.

---

1) 모두 三首, 元豊 五年때 지은 것, 특히 頸聯(第三四句)이 뛰어 났음.
2) 冰容 : 깨끗하고 맑은 용모. 氷肌玉骨 : 梅花를 형용함.
3) 桃, 杏 : 紅梅와 같은 빛깔.
4) 酒暈 : 술을 마셔 얼굴이 빨개짐.

1) 有美堂 : 嘉祐 二年(1057) 杭州太守 梅摯이 吳山에 지은 堂으로 仁宗이 내려준 詩 「地有吳山美, 東南第一州」에서 따온 이름.
2) 瀲灩 : 출렁이는 모양. 金樽凸 : 술잔에 술이 가득 담겨 기웃둥하는 모양.
3) 羯鼓 : 말가죽으로 된 장고. 「唐語林」에 「李龜年이 羯鼓를 잘 쳐서 明皇이 그에게 얼마나 쳤는지 물으니 五千번째」라 했음.
4) 喚起謫仙泉灑面 : 唐玄宗이 李白을 불러 詩를 請하였으나, 마침 술에 취해 있었기에 玄宗이 淸水를 그의 얼굴에 뿌려 술을 깨게 하였다는 故事가 있음.
5) 鮫室 : 「博物志」에 「南海에 鮫人(물 속에 산다는 괴상한 사람)이 살았다.」함. 瓊瑰 : 佳文佳詩를 가리키며, 劉夢得의 詩에 「偶逢詞客與瓊瑰」라는 句가 있음. 瓊瑰 : 美玉.

屈原塔 在忠州，原不當有碑塔於此，意者後人追思，故爲作之[1]

蘇　　軾

楚人悲屈原，千載意未歇．精魂飄何處？父老空哽咽！至今滄江上，投飯救飢渴．遺風成競渡，哀叫楚山裂．屈原古壯士，就死意甚烈．世俗安得知，眷眷[2]不忍決．南賓[3]舊屬楚，山上有遺塔，應是奉佛人，恐子[4]就淪滅．此事雖無憑，此意固已切．古人誰不死，何必較考折[5]；名聲實無窮，富貴亦暫熱，大夫[7]知此理，所以持死節．

望海樓晚景五絕[1]

蘇　　軾

海上濤頭一線來，樓前指顧[2]雪成堆．從今潮上君須上，更看銀山二十[3]回．

---

1) 屈原塔：蘇軾이 1059年 忠州를 지날 때 쓴 것으로 忠州가 屈原과 無關함을 서술했음.
2) 眷眷：戀戀해 함.
3) 南賓：忠州를 말함.
4) 子：屈原을 가리킴.
5) 考：長壽함．折：夭折함.
6) 大夫：屈原(三閭大夫를 지냈기로 屈大夫라 함)

1) 望海樓：中和堂의 東쪽 樓閣，望潮樓라고도 함．杭州의 名勝.
2) 指顧：손가락으로 가리키며 돌아보는 사이니，매우 짧은 시간.
3) 二十：異本엔 十二.

六月二十七日望湖樓醉書[1)]

蘇　　軾

放生魚鼈[2)]逐人來, 無主荷花處處開. 水枕能令山俯仰, 風船解與月徘徊. 獻花游女木蘭橈,[3)] 細雨斜風濕翠翹.[4)] 無限芳洲生杜若,[5)] 吳兒不識楚辭招.[6)] 未成小隱聊中隱,[7)] 可得長閑勝暫閑[8)]? 我本無家更安往[8)]? 故鄉無此好湖山!

吳中田婦歎[1)]

蘇　　軾

今年粳[2)]稻熟苦遲, 庶見[3)]霜風來幾時. 風霜來時雨如瀉, 杷[4)]頭出

1) 望湖樓 : 五代의 錢王이 세움. 全五首中擇三.
2) 放生 : 宋以前엔 西湖를 「放生池」로 定하였음.
3) 橈 : 노. 여기서는 배를 말함.
4) 翠翹 : 婦女의 머리 장식.
5) 杜若 : 여름에 황적색꽃을 피우는 香草. 楚辭中 : 「採芳州兮杜若, 將以遺兮下女」에서 나온 말.
6) 招 : 楚辭의 「大招, 招魂」篇을 말함.
7) 小隱 : 山林에 隱居함. 中隱 : 벼슬에 隱居함. 當時 蘇軾은 地方官吏이었기에 「中隱」이라 함.
8) 可得長閑勝暫閑 : 白居易의 詩에 「偸閑意味勝長閑」에서 引用.
9) 更 : 杜甫의 詩 「此身那得更無家」를 강조했음.

1) 熙寧 五年 가을에 지은 것으로 田婦의 말을 빌어 江南의 農民들이 水災와 그보다 심한 虐政에 고통을 당하고 있음을 쓴 詩.
2) 粳 : 메벼.
3) 庶見 : 머지 않아 ~할 것으로 보임.
4) 杷 : 발고무래.

菌鐮生衣.[5] 眼枯淚盡雨不盡, 忍見黃穗臥青泥! 茅苫[6]一月隴上宿,[7] 天晴穫稻隨車歸, 汗流肩赬[8]載入市, 價賤乞與如糠粞.[8] 賣牛納稅拆屋炊, 慮淺不及明年飢. 官今要錢不要米, 西北萬里招羌兒. 龔黃[10]滿朝人更苦, 不如却作河伯婦[11]!

陌上花二首[1]

蘇　　軾

遊九仙山, 聞里中兒歌陌上花, 父老云: 吳越王妃每歲春必歸臨安,[2] 王以書遺妃, 曰「陌上花開, 可緩緩歸矣.」吳人用其語爲歌, 含思宛轉, 聽之凄然. 而其詞鄙野, 爲易之云.

陌上花開蝴蝶飛, 江山猶是昔人非. 遺民幾度垂垂老, 遊女長歌緩緩歸.[3] 陌上山花無數開, 路人爭看翠軿[4]來. 若爲留得堂堂去,[5] 且更從敎緩緩回. 生前富貴草頭露, 身後風流陌上花. 已作遲遲君去魯,[6] 猶敎緩緩妾還家.

---

5) 鐮=鎌: 낫. 衣: 銹와 같은 뜻. 녹.
6) 茅苫: 띠로 짠 거적.
7) 隴: 壟과 通用. 밭둑.
8) 肩赬: 아낙네들이 무거운 볏짐을 져서 어깨가 짓눌려 빨간 모양.
9) 糠: 겨. 粞: 싸라기.
10) 龔黃: 漢나라 官吏 龔遂와 黃霸를 말함.
11) 河伯婦: 河伯은 黃河의 水神으로 戰國時代 魏나라에 水災가 크자 每年 女子 한 명을 河伯에게 바쳐 재앙을 면했거늘, 그때 祭物된 婦女를 말함.

1) 當時의 民歌를 改作한 것으로 後世에 불려진 作品.
2) 吳越王妃: 五代때에 浙江省을 根據로 하여 吳越이라는 나라를 세운 錢鏐의 손자 錢俶의 妃를 말함. (錢俶에 와서 宋에 항복하였음) 臨安: 지금의 杭州로 吳越의 수도.
3) 垂垂: 처진 모양. 緩緩: 느린 모양.
4) 軿: 휘장이 있는 부인용 수레.
5) 堂堂: 盛大한 모양,
6) 去魯: 「孟子, 盡心下」: 「孔子之去魯曰: 遲遲吾行也. 去父母國之道也」에서 引用했으니, 錢俶이 나라를 버리고 宋에 投降했음을 이름.

春　日

秦　　觀

一夕輕雷落萬絲,[1] 霽光浮瓦碧參差.[2] 有情芍藥含春淚, 無力薔薇臥曉枝.[3]

泗州[1]東城晩望

秦　　觀

渺渺孤城白水環, 舳艫[2]人語夕霏間. 林梢一抹青如畫, 應是淮流轉處山.

秦觀(1049~1100) : 字는 少游, 혹은 太虛, 高郵 사람. 黃庭堅, 張耒, 晁補之, 陳師道 등과 함께 「蘇門」을 이룸. 그의 詩는 氣魄이 모자라나 섬세함.

1) 落萬絲 : 비를 가리킴.
2) 浮 : 햇빛이 물체에 반사되는 모양.
3) 春淚 : 마르지 않은 빗물.

1) 泗州 : 淮河邊에 있음.
2) 舳艫 : 船尾와 船首.

野 步

賀 鑄

津頭微徑望城斜，水落孤邨格[1]嫩沙. 黃草菴中疎雨濕，白頭翁媼坐看[2]瓜.

題諸葛䲶田家壁 地名諸葛亮䲶，在烏江北八十里，與江南石頭城相望[1]

賀 鑄

晚度孔間䲶，林間訪老農. 行銜落葉逕，坐聽隔江鐘. 後舍燈猶織，前溪水自舂.[2] 無多遊宦興，卜隱幸相容.

賀鑄(1063~1120)：字는 方回，號는 慶湖有老임. 衛州 사람. 孝惠后의 族孫으로 宋哲宗 때 泗州와 太平州의 通判을 지냈으며 晚年에는 蘇·杭 一帶에 隱居함. 詞가 有名하나 詩엔 李商隱，溫庭筠 등의 영향이 보임.

---

1) 邨格：隔阻.
2) 坐看瓜：坐看은 지키다.

1) 䲶：골짜기. 烏江은 安徽省 和縣東北쪽에 있고，石頭城은 南京임.
2) 舂：물방아를 가리킴.

摩詰畫

黃　庭　堅

丹靑王右轄,[1] 詩句妙九州. 物外常獨往, 人間無所求. 袖手南山[2]雨, 輞川[3]桑柘秋. 胸中有佳處, 涇渭看同流.[4]

病起荆江亭即事[1]

黃　庭　堅

翰墨場中老伏波, 菩提坊裏病維摩.[2] 近人積水無鷗鷺, 時有歸牛浮鼻過.[3] 閉門覓句陳無己, 對客揮毫秦少游, 正字不知溫飽未? 西風吹淚古藤州[4]!

黃庭堅(1045~1105) : 字는 魯直, 號는 涪翁, 혹은 스스로 山谷道(或은 老)人이라 불렀음. 洪州 分寧 사람. 벼슬은 秘書丞, 國史編修官에 이르렀으나 좌천됨. 杜甫를 계승한 「江西詩派」의 開祖로 詩·書에 能하였음. 「山谷內集·外集·別集」等이 있음.

---

1) 王右轄 : 王維, 官職이 尙書右丞에 이르렀음. 摩詰은 王維의 字.
2) 南山 : 終南山.
3) 輞川 : 王維의 別莊이 있었던 陝西省 藍田縣의 地名.
4) 胸中有佳處, 涇渭看同流 : 王維의 胸中에는 一段의 명쾌한 境界가 길러졌으나 사람들에게는 淸과濁이 모두 똑같이 보인다고 말함. 涇渭 : 涇水는 흐리고 渭水는 맑아 淸濁을 이르는 말.

1) 1101年 湖北江陵으로 귀양가서 쓴 作品. 十首中 第二首.
2) 伏波 : 漢代의 將軍 馬援으로 六十二歲에 전장에 나갔음. 菩提 : 보리살타.
3) 牛浮鼻過 : 황소가 코를 水面에 내놓고 강을 건넘.
4) 閉門覓句陳無己…秦少游 : 陳無己는 陳師道의 字로서 「正字」라는 小官을 지냈음. 가난한 데다 시끄러워 詩를 쓸 때엔 문을 잠그고 썼다 함. 秦少游는 秦觀의 字로 詩文이 섬세하고 廣西藤川에서 죽음.

睡 起[1]

黃 庭 堅

柿葉鋪庭紅顆秋，薰爐沉水[2]度衣篝，松風夢與故人遇，同駕飛鴻跨九州.

登快閣[1]

黃 庭 堅

癡兒了却公家事，快閣東西倚晚晴. 落木千山天遠大，澄江一道月分明. 朱絃已爲佳人絕,[2] 青眼聊因美酒橫. 萬里歸船弄長笛，此心吾與白鷗盟！

1) 睡起：香爐의 연기를 통해 夢境을 深層 묘사한 새로운 手法의 詩.
2) 沉水：香의 이름으로 물에 넣으면 가라앉음.

1) 快閣：山谷이 즐겨찾던 名所로 太和縣에 있음. 淸의 姚鼐는 이 詩를 太白歌行의 氣運을 律詩에 옮긴 것이라 극찬함.
2) 朱絃已爲佳人絕：鍾子期와 伯牙의 故事를 引用(伯牙는 知音인 子期가 죽자 거문고를 다시는 타지 않았다 함).

過 家

黃 庭 堅

絡緯聲轉急, 田車寒不運. 兒時手種柳, 上與雲雨近. 舍傍舊傭保,[1] 少換老欲盡. 宰木鬱蒼蒼,[2] 田園變畦畛.[3] 招延屈父黨, 勞問走婚親.[4] 歸來翻作客, 顧影良自哂. 一生萍託水, 萬事雪侵鬢. 夜闌風隕霜, 乾葉落成陣. 燈花何故喜,[5] 大是報書信. 親年當喜懼,[6] 兒齒欲毁齔.[7] 繫船三百里, 去夢無一寸.

---

1) 傭保 : 漢書司馬相如傳에 「與庸保雜作」이라 하였음. 顏師古는 注에 「傭은 품삯을 받고 일을 하는 것이고, 保는 보증인을 세우고 일함이다」라 함.

2) 宰木 : 무덤 위의 나무.

3) 畦畛 : 밭둑.

4) 親 : 廣韻震韻에 「親은 親家」.

5) 燈花何故喜 : 杜甫의 詩中에 「燈花何太喜」라는 句를 引用.

6) 喜懼 : 論語에 「父母之年, 不可不知也, 一則以喜, 一則以懼」라 함.

7) 齔 : 젖니를 감.

別 三 子[1]

陳 師 道

夫婦死同穴,[2] 父子貧賤離. 天下寧有此? 昔聞今見之! 母前三子後, 熟視不得追. 嗟乎胡不仁, 使我至於斯! 有女初束髮, 已知生離悲, 枕我不肯起, 畏我從此辭,[3] 大兒學語言, 拜揖未勝衣, 喚「爺我欲去!」, 此語那可思! 小兒襁褓間, 抱負有母慈, 汝哭猶在耳, 我懷人得知[4]!

田 家

陳 師 道

雞鳴人當行, 犬鳴人當歸. 秋來公事急, 出處不待時.[1] 昨夜三尺雨, 竈下已生泥. 人言田家樂, 爾苦人得知!

陳師道(1053~1101): 字는 履常, 號는 後山居士. 彭城 사람. 著書로는 「後山集」 二十四卷이 있음. 杜甫의 句法을 模仿한 흔적이 현저함.

---

1) 陳師道가 가난하여 家族을 부양할 수 없게 되자. 그의 丈人 郭槩이 딸과 外孫子만을 데리고 四川으로 벼슬살이하러 떠났음.
2) 夫婦死同穴: 「詩經」의 「王風·大車」篇에 夫婦는 「같은 구멍이에 죽는다」고 하였으니 같이 무덤에 묻히기를 기다림.
3) 畏我從此辭: 以後에 나를 보지 못할까 두렵네.
4) 得知: 「不得知」 혹은 「那得知」와 같음.

1) 不待時: 닭 울기를 기다리지 않고 아침 일찍 집을 나섬.
2) 竈: 부엌.

登岳陽樓[1)]

陳 與 義

洞庭之東江水西，簾旌不動夕陽遲．登臨吳蜀橫分地，[2)] 徙倚湖山欲暮時．萬里來遊還望遠，三年多難更憑危．[3)] 白頭弔古風霜裏，老木蒼波無限悲！

雨 晴

陳 與 義

天缺西南江面淸，纖雲不動小灘橫．[1)] 牆頭語鵲衣猶濕，樓外殘雷氣未平．盡取微凉供穩睡，急搜奇句報新晴．[2)] 今宵絕勝無人共，臥看星河盡意明．

陳與義(1090~1138)：字는 去非，號는 簡齋．洛陽 사람．벼슬은 太學博士，擢符寶郎을 거쳤으며 北宋과 南宋 사이의 傑出한 詩人으로 「簡齋集」이 있음．

---

1) 岳陽樓：湖南省 岳陽縣 洞庭湖를 부감하는 누각．

2) 吳蜀橫分地：三國時代 吳와 蜀이 荊州를 서로 뺏으려 하였음．

3) 三年多難更憑危：이것은 建炎 二年(1128) 가을에 쓴 것으로 簡齋가 靖康 元年(1126) 봄부터 도망하였기로 「三年」이라 함．

1) 纖雲不動小灘橫：(하늘에 흘러가는 구름이) 마치 江물이 여울되어 흐르는 것 같음．

2) 報：答報，酬報．

雪後尋梅

楊 萬 里

去年看梅南溪北,[1] 月作主人梅作客. 今年看梅荆溪西,[2] 玉爲風骨雪爲衣. 臘前欲雪竟未雪, 梅花不慣人間熱. 横枝憔悴涴晴埃, 端令羞面不肯開.[3] 縞裙夜訴玉皇殿,[4] 乞得天花好作伴. 三更滕六駕海神,[6] 先遣東風吹玉塵. 梅花曉沐銀浦水, 冰膚別放瑤林春. 詩人莫作雪前看, 雪後精神添一半.

過百家渡[1]

楊 萬 里

園花落盡路花開, 白白紅紅各自媒. 莫問早行奇絶處, 四方八面野

楊萬里(1124～1206) : 字는 廷秀, 號는 誠齋, 吉州 吉水 사람. 벼슬은 國學太常, 廣東常平茶鹽을 거쳐 秘書監에 이름. 獨自的인 誠齋體를 이루었으며, 「誠齋集」, 「誠齋易傳」, 「誠齋詩話」 등을 著述.

---

1) 南溪 : 江西省 吉水縣 北쪽으로 五十里 떨어진 곳에 있음. 吉水는 誠齋의 故里.
2) 荆溪 : 江蘇省 宜興縣 南쪽에 있음.
3) 端令 : 令은 時節을 말함.
4) 縞裙 : 흰 명주치마.
5) 滕六 : 雪神.

1) 百家渡 : 湖南省 永州에 있음.

香來. 柳子祠前春已殘,[2] 新晴特地却春寒. 籬疎不與花爲護, 只爲蛛絲作網竿. 一晴一雨路乾濕, 半淡半濃山叠重, 遠草平中見牛背, 新秧疎處有人踪.

憫 農

楊 萬 里

稻雲不雨不多黃, 蕎麥空花早着霜. 已分[1]忍飢度殘歲, 更堪歲裏閏添長.[2]

春晴懷故園海棠

楊 萬 里

竹邊臺榭水邊亭, 不要人隨只獨行. 乍暖柳條無氣力, 淡晴花影不分明. 一番過雨來幽徑, 無數新禽有喜聲. 只欠翠紗紅映肉,[1] 兩年寒食負先生! (予去年正月離家之官, 蓋兩年不見海棠矣[2])

---

2) 柳子祠 : 柳宗元이 永州司馬를 지냈으므로 이 곳에 그의 祠堂을 세웠음.

1) 已分 : 벌써 알다.

2) 堪 : 견디다. 여기서는 「견딜 수 있겠는가」의 反問語.

1) 只欠翠紗紅映肉 : 蘇軾의 「寓居定惠院之東, 雜花滿山, 有海棠一株」의 「朱唇得酒暈生臉, 翠袖卷紗紅映肉」을 引用함.

2) 當時 楊萬里가 廣州에 있었음.

長歌行[1)]

陸 游

人生不作安期生,[2)] 醉入東海騎長鯨.[3)] 猶當出作李西平, 手梟逆賊淸舊京.[4)] 金印煌煌[5)]未入手, 白髮種種[6)]來無情. 成都古寺臥秋晚, 落日偏傍僧窗明.[7)] 豈其[8)]馬上破賊手, 哦詩[9)]長作寒螿[10)]鳴. 興來買盡市橋酒, 大車磊落[11)]堆長缾.[12)] 哀絲豪竹[13)]助劇飮, 如鉅野[14)]受黃河傾. 平時一滴不入口, 意氣頓使千人驚. 國讎未報壯士老, 匣中寶劍夜有聲. 何當凱還宴將士, 三更雪壓飛狐城.[15)]

陸游(1125～1210) : 字는 務觀, 自號는 放翁으로 山陰(浙江 紹興 부근)人. 벼슬이 樞密院編修官, 嚴州, 夔州 등지의 知事에 이르렀으나, 性格이 自由奔放했고, 愛國에 투철했음. 그의 詩風은 白居易와 비슷, 平易自然하여 萬首에 다달았으니 「劍南詩稿」, 「入蜀記」, 「放翁詞」 등을 남겼음.

---

1) 長歌行 : 樂府篇名. 이 詩는 陸游가 五十歲 때 네 번째 成都에 定住하면서 그 生活과 感懷를 그렸음.
2) 安期生 : 秦나라 琅琊(山東省에 있음) 사람으로 스스로 抱朴子라 부르며 秦始皇에게 蓬萊山에 사는 神仙이라 하였음.
3) 長鯨 : 고래.
4) 李西平 : 唐나라 李晟을 말함. 德宗때 長安에서 朱泚의 亂을 平定하여 그 功으로 司徒가 되고 西平王으로 봉해짐. 淸舊京 : 옛 京都 長安을 일컬음.
5) 煌煌 : 반짝이는 모양. 金印은 功名을 비유함.
6) 種種 : 머리카락이 짧은 모양.
7) 偏傍 : 유난히 가깝게 하다.
8) 豈其 : 豈는 어찌, 其는 語助詞.
9) 哦詩 : 吟詩.
10) 寒螿 : 寒蟬.
11) 磊落 : 주렁주렁 어울린 모양.
12) 堆長缾 : 술병이 가득함.
13) 哀絲落竹 : 비장한 官絃樂.
14) 鉅野 : 山東 鉅野縣에 있는 黃河下流의 늪.
15) 飛狐城 : 河北 淶源縣에 있는 峻險한 關城으로 당시엔 함락당했음.

落　魄[1]

陸　游

落魄東吳[2]莫笑儂,[3] 今年要不負春風,[4] 閑愁擲向乾坤[6]外, 永日[6]移來歌吹中. 酒浪欲爭湖水綠, 花光却妒舞衫紅,[7] 公卿[3]憂責如山重, 肯信人間有放翁.[2]

遊山西村[1]

陸　游

莫笑農家臘酒[2]渾, 豐年留客足雞豚.[3] 山重水複疑無路, 柳暗花

1) 落魄：孝宗淳熙 十一年(1184) 六十歲 때, 五年 동안의 山鄉生活에 스스로 零落함을 탄식하며 쓴 것.
2) 東吳：三國時代에 山陰은 東吳에 屬하였음.
3) 儂：我의 俗語.
4) 不負春風：봄날을 잘 보내려 함.
5) 乾坤：天地. 擲：내어던짐.
6) 永日：긴낮.
7) 花光却妒舞衫紅：꽃과 舞衣가 서로 빨간 것을 다툼. 妒는 妬.
8) 公卿：벼슬아치.
9) 放翁：自由奔放한 百姓을 뜻함.

1) 遊山西村：孝宗乾道 二年(1166) 南宋이 對金作戰에 실패하자 南昌에서 免職당하고 고향인 山陰으로 돌아와 쓴 作品. 西村：山陰의 村家.
2) 臘酒：섣빔 술.
3) 足：充足함.

明又一村. 簫鼓追隨春社[4]近, 衣冠簡樸古風存. 從今若許閑乘月.[5] 拄杖無時夜叩門.[6]

晩　泊[1]

陸　游

半世無歸似轉蓬,[2] 今年作夢到巴東.[3] 身遊萬死一生地, 路入千峯百嶂中.[4] 鄰舫有時來乞火, 叢祠無處不祈風.[5] 晩潮又泊淮南岸, 落日啼鴉戍堞[6]空.

北　望[1]

陸　游

北望中原淚滿巾, 黃旗[2]空想渡河津.[3] 丈夫窮死由來事, 要是江南有此人.[4]

---

4) 春社 : 立春 以後 다섯번째 戊日로 한해의 農事를 祈禱함. 이날이 가까와 오면 집집에서 피리를 불고 북을 침.
5) 閑乘月 : 閑假한 때 달빛을 좇아나감.
6) 拄杖 : 지팡이를 짚음.

1) 晩泊 : 陸游가 長江에 停泊하고 쓴 詩.
2) 轉蓬 : 바람에 나부끼는 쑥. 고향을 떠나 유랑하는 自身을 比喩.
3) 巴東 : 夔州.
4) 身遊萬死一生地, 路入千峯百嶂中 : 蜀道가 험하여 九死一生의 境地임. 嶂 : 병풍을 세운 듯 連해 있는 산봉우리.
5) 叢祠無處不祈風 : 사당마다 모두 뱃 사람들이 順風을 기원하고.
6) 戍堞 : 軍事上의 望樓에 둘러쳐진 얕은 담.

1) 北望 : 64歲 때 山陰에서 쓴 作品.
2) 黃旗 : 軍旗.
3) 河津 : 黃河에 접한 龍門縣 나루터.
4) 有此人 : 여기서 此人은 능히 北伐할 사람을 말함.

病　起[1]

陸　游

山村病起帽圍[2]寬，春盡江南尙薄寒. 志士淒涼閑處老，名花零落雨中看. 斷香[3]漠漠[4]便支枕,[5] 芳草離離[6]悔倚闌.[7] 收拾吟牋停酒椀,[8] 年來觸事動憂端.

示　兒[1]

陸　游

死去原知萬事空，但悲不見九州同.[2] 王師北定中原日，家祭毋忘告乃翁.[3]

---

1) 病起：61歲 되던 해 늦은 봄，病後에 쓴 것으로 山鄕에서 늙어가는 자신의 신세를 自嘆함.
2) 帽圍：모자의 둘레.
3) 斷香：남아있는 香氣.
4) 漠漠：여기서는 淡淡의 뜻.
5) 支枕：베개를 벰.
6) 離離：무성한 모양.
7) 闌：欄.
8) 酒椀：술잔. 椀은 碗.

1) 示兒：陸游의 臨終前 作品으로 祖國統一을 보지 못한 恨을 자식에게 보임.
2) 九州同：全國統一.
3) 乃翁：너의 애비.

初 夏

范 成 大

淸晨出郭更登臺，不見餘春只麼回.[1] 桑葉露枝蠶向老，菜花成莢蝶猶來.[2] 晴絲千尺挽韶光,[3] 百舌無聲燕子忙. 永日屋頭槐影暗，微風扇裏麥花香.

催租行 效王建[1]

范 成 大

輸租得鈔官更催，踉蹌里正敲門來.[2] 手持文書雜嗔喜：「我亦來營醉歸耳！」牀頭慳囊[3]大如拳，撲破正有三百錢，不堪與君成一醉，聊復償君草鞋費.[4]

横 塘[1]

范 成 大

南浦[2]春來綠一川，石橋朱塔兩依然. 年年送客横塘路，細雨垂楊繫畫船.

范成大(1126～1193)：字는 致能，號는 石湖居士，吳縣 사람. 벼슬은 禮部員外郞에서 吏部尙書에 이르렀고，著書로「石湖詩集」이 있음.

---

1) 只麼回：「그만 두지 뭐」，只麼：禪宗 語錄에서 많이 볼 수 있는 口語.
2) 莢：꼬투리.
3) 韶光：春光.

1) 王建에겐「催租行」이란 詩가 없었지만，范成大가 그 樂府의 風格을 모방했음.
2) 踉蹌：비틀거리는 모양.
3) 慳囊：「撲滿」，돈을 모아두는 그릇.
4) 草鞋費：唐代禪宗 語錄에서 볼 수 있으며 行脚僧의「草鞋錢」을 말함.

1) 横塘：吳縣에 있음.
2) 南浦：地名이 아님. 江淹의「別賦」에서「送君南浦，傷如之何」句를 引用한 것으로 친구와 헤어졌던 江邊을 말함.

除夜自石湖歸苕溪[1]

姜 夔

細草穿沙雪半銷，吳宮煙冷水迢迢．梅花竹裏無人見，一夜吹香過石橋．[2] 黃帽[3]傳呼睡不成，投篙細細激流氷．分明舊泊江南岸，舟尾春風颭客燈．三生定是陸天隨，[4] 又向吳淞作客歸．已拚新年舟上過，倩人和雪洗征衣．笠澤[5]茫茫鴈影微，玉峯[6]重疊護雲衣．長橋寂寞春寒夜，只有詩人一舸歸．

湖上[1]寓居雜詠

姜 夔

處處虛堂望眼寬，荷花荷葉過闌干．遊人去後無歌鼓，白水青山生晚寒．[2] 苑牆曲曲柳冥冥，人靜山空見一燈．荷葉似雲香不斷，小船搖曳入西陵．[3]

姜夔(1155～1230)：饒州 鄱陽(지금의 江西省 鄱陽 부근) 사람．字는 堯章，號는 白石道人．平生을 떠돌아 다니며 山水를 유람．著書로「白石道人詩集」과「白石道人歌曲集」이 있음．

---

1) 石湖：蘇州와 吳江 사이의 경치 좋은 곳．范成大의 別莊이 있었음．苕溪：湖州，姜夔가 當時 거처하던 곳．
2) 梅花竹裏無人見，一夜吹香過石橋：그의「暗香」詞中「但怪得竹外疏花，香冷入瑤席」과 같은 情景．
3) 黃帽：뱃사공「黃頭郎」이라고도 함．
4) 陸天隨：陸龜夢의 號(天隨子)，吳淞江에 隱居하였음．
5) 笠澤：太湖下流의 吳淞江．
6) 玉峯：崑山．

1) 湖上：杭州 西湖．
2) 生晚寒：놀이가 끝난 뒤의 쓸쓸함을 묘사．
3) 西陵：西興．

揚子江[1]

文 天 祥

幾日隨風北海游，回從揚子大江頭．臣心一片磁針石，不指南方不肯休．

南安軍[1]

文 天 祥

梅花南北路，[2] 風雨濕征衣．出嶺同誰出？歸鄉如此歸[3]！山河千古在，城郭一時非．[4] 餓死眞吾志，夢中行採薇．[5]

文天祥(1236～1282)：吉水 사람．字는 履善 또한 宋瑞．號는 文山．著書로 「文山詩集」，「指南錄」，「指南後錄」，「吟嘯集」이 있음．

---

1) 揚子江：南쪽에서 배를 타고 浙東으로 가는 길에 지은 것．

1) 宋帝昺祥興 元年(1278)元의 兵士가 潮州에 쳐들어와 文天祥을 포로로 잡아감．이것은 포로가 된 作者가 廣東에서 江西로 끌려가던 중 大庾嶺을 지날 때 쓴 詩．

2) 梅花南北路：大庾嶺은 南北氣候의 分界임．

3) 歸鄉如此歸：刻本엔 「出嶺誰同出？ 歸鄉如不歸！」임．江西는 作家의 故鄉．

4) 山河千古在，城郭一時非：杜甫의 「國破山河在」，丁令威의 「去家千年今始歸，城郭猶是人民非」를 暗用．

5) 餓死眞吾志，夢中行採薇：伯夷와 叔齊가 周의 곡식은 먹지 않는다 하고 산에 숨어 고사리를 캐어 먹고 살았던 故事，作者의 斷食을 표현함．

除　夜[1]

文　天　祥

乾坤空落落, 歲月去堂堂. 末路驚風雨, 窮邊飽雪霜. 命隨年欲盡, 身與世俱忘. 無復屠蘇[2]夢, 挑燈夜未央.[3]

1) 燕京의 獄에 갇혀 죽을 날만 기다리는 심정.
2) 屠蘇 : 옛날 술을 빚어마시던 납작한 집(음력 정월 초하루엔 屠蘇酒를 마시면 邪氣를 물리친다 함).
3) 挑燈夜夫央 :「守歲」(섣달 그믐날의 밤샘)와 「長夜漫漫何時旦」(아침을 기다림)의 重意.

世 事

戴 復 古

世事直如夢, 人生不肯閒. 利名雙轉轂,[1] 今古一凭欄. 春水渡傍渡, 夕陽山外山.[2] 吟邊思小范, 共把此詩看.

飮 中

戴 復 古

布衣不換錦宮袍, 刺骨淸寒氣自豪. 腹有別腸能貯酒,[1] 天生左手慣持螯.[2] 蠅隨驥尾宜千里,[3] 鶴在雞羣亦九皋.[4] 賢似屈平因獨醒,[5] 不禁顚頴[6]賦離騷.

戴復古(約 1198年 在世) : 字는 式之, 號는 石屛, 天台人. 陸游를 좇아 詩를 쓰다가 淸健한 風格을 이룸. 「石屛集」을 남김.

---

1) 利名雙轉轂 : 利와 名이 공존(바퀴통을 굴르듯)한다는 뜻인데, 賈島詩 「碌碌復碌碌, 百年雙轉轂」을 참고.
2) 春水……山外山 : 봄물이 붇고 夕陽에 드러난 山을 그린 것인데, 名句로 알려졌음.

1) 腹有別腸能貯酒 : 몸은 작지만 술은 巨飮함을 비유.
2) 天生左手慣持螯 : (오른손으로 술잔을 잡고), 왼손으론 게의 발을 잡다.
3) 蠅隨驥尾宜千里 : 파리가 말꼬리에 붙어 千里를 간다. (史記 伯夷傳을 참고.)
4) 九皋 : 沼澤. (詩, 小雅의 鶴鳴于九皋를 참고)
5) 獨醒 : 혼자서 淸醒함(漁夫辭의 「擧世皆濁我獨淸, 衆人皆醉我獨醒」)을 참고.
6) 顚頴 : 야위다.

湖山小隱

林　逋

衡門鄰晚島，環堵[1]背寒岡．片月通蘿徑，幽雲在石牀．客遊拋鄠杜，[2] 漁事擬滄浪．[3] 管樂[4]非吾尙，昂頭肯自方．

山園小梅

林　逋

衆芳搖落獨暄妍，占盡風情向小園．疎影橫斜水淸淺，暗香浮動月黃昏．[1] 霜禽欲下先偸眼，粉蝶如知合斷魂．幸有微吟可相狎，不須檀板[2]共金尊．

林逋(967～1028)：字는 君復，別號는「梅妻鶴子」，錢塘人으로 西湖孤山에 隱居．「和靖集」과「西湖紀逸」을 남김．

---

1) 環堵：사방의 길이가 一堵인 협소한 방．
2) 鄠杜：鄠縣과 杜陵縣을 말하니，兩邑이 모두 長安에 가까움．
3) 漁事擬滄浪：楚辭의 漁夫歌：「滄浪之水淸兮，可以濯吾纓…」을 참고．
4) 管樂：管仲과 樂毅．

1) 疎影…黃昏：이 句를 두고 蔡寬夫詩話는 警絕이라 함．
2) 檀板：박달나무로 만든 박자 악기．

齋居感興(二十首選二首)

朱 熹

昆侖[1]大無外，旁薄[2]下深廣．陰陽無停機，寒暑互來往．皇羲古神聖，妙契一俯仰．[3] 不待窺馬圖，[4] 人文已宣朗．渾然一理貫，昭晰非象罔．[5] 珍重無極翁[6]，爲我重指掌．

顔生躬四勿，[7] 曾子日三省．中庸首謹獨，衣錦思尙絅．[8] 偉哉鄒孟氏，雄辨極馳騁．操存[9]一言要，爲爾挈裘領．丹靑著明法，今古垂煥炳．何事千載餘，無人踐斯境！

朱熹(1130～1200)：字는 元晦，仲晦，號는 晦翁，徽州婺源人으로 많은 編著를 남김으로서 南宋理學의 大家．詩에는 힘쓰지 않았으나 理趣를 보임．「晦庵集」을 남김．

---

1) 昆侖：크고 둥근 모양．
2) 旁薄：混同함．
3) 皇羲…俯仰：易繫辭「古者包犧氏之王天下也，仰則觀象於天，俯則觀法於地」를 참고．
4) 馬圖：易繫辭의「伏羲王天下，龍馬出河，遂則其文以畫八卦」를 참고．
5) 象罔：莊子天地篇에 나오는 말로，「無心」을 뜻하나，朱子는 渾淪의 뜻으로 씀．
6) 無極翁：周濂溪를 가리킴．
7) 顔生躬四勿：論語顔淵篇「子曰非禮勿視，非禮勿聽，非禮勿言，非禮勿動」，顔淵曰：「回雖不敏，請事斯語矣」를 참고．
8) 衣錦思尙絅：詩經의「衣錦尙絅」에서 나온 말로 무늬를 싫어함．
9) 操存：孟子告子上「孔子曰操則存 舍則亡，……」을 참고．

秋懷(二首選一)

朱　　喜

秋風吹庭戶, 客子懷故鄉. 矧此臥愁疾, 徘徊守空房. 佇想澗谷居, 林深慘悲涼. 鶤鷄[1]感蕭辰, 拊翼號風霜. 氛雜無留氣, 悄蒨[2]有餘芳. 幸聞衛生要, 招隱夙所藏. 終期謝世慮, 矯翮玆山岡.

---

1) 鶤鷄 : 宋玉의 九辯중 「鶤鷄啁哳而悲鳴」을 참고.

2) 蒨 : 풀이 성한 모양.

遼·金·元詩

《遼·金·元詩》

村　　行

高　士　談

墟落[1]依林莽，茅廬出短牆．兒童避車馬，父老饋[2]壺漿．半濕田新雨，猶青棗未霜．逢人問豐歉，[3] 一一歎聲長！[4]

不　　眠

高　士　談

不眠披短褐，曳杖出門行．月近中秋白，風從半夜淸．亂離驚昨夢，漂泊念平生．淚眼依南斗，[1] 難忘故國情．

高士談(? ~1146) : 字는 子文，宣和 말엽에 忻州의 戶曹를，金나라 때는 翰林直學士를 지내다가 誣告로 極刑을 당했음．「蒙城集」을 남겼음．

---

1) 墟落 : 두메．
2) 饋 : 보내다．
3) 豐歉 : 豊作과 凶作．
4) 一一 : 모두，저마다．

1) 依南斗 : 南斗는 星宿의 이름．남쪽을 바라보다의 듯．

早　春

吳　　激

寂寂重寂寂，出門春草齊．晚芳猶着樹，江漲欲平溪．山暝有時雨，村深何處雞．遠山緣底恨，故作傍人低．

興

吳　　激

後園雜樹入雲高，萬里長風夜怒號．憶向錢塘江上寺，松窗竹閣瞰秋濤．[1)]

吳激(？～1142)：字는 彦高，號는 東山，書家 米芾의 사위로 建州人．金이 翰林待制에 命함．「東山集」을 남김．

1) 秋濤：浙江은 八月에 潮汎이 있음．

題西巖

劉　　汲

卜築西巖最可人,[1] 青山爲屋水爲鄰. 身將隱矣文何用,[2] 人不知之味更眞. 自古交遊少同志, 到頭聲利[3]不關身. 淸泉便當如澠酒, 澆盡胸中累刼塵.

南園步月

劉　　汲

雲橫樹外山, 樹映山巓月. 微風拂寒枝, 疎光散淸樾.[1] 幽歡難相遇, 此景安可忽. 從來山水心, 不爲塵埃沒.

劉汲(1165? 在世) : 字는 伯深, 號는 西嵒老人, 渾源人. 詩에 禪理가 있으며, 「山嵒集」을 남김.

---

1) 最可人 : 가장 만족함.
2) 文何用 : 文은 문채. 문채를 어디에 쓰리오?
3) 聲利 : 名利.

1) 淸樾 : 淸澈에 상당함. (樾은 두 나무가 그늘을 나눔.)

還家五首

王 若 虛

日日他鄉恨不歸，歸來老淚更沾衣．傷心何啻遼東鶴,[1] 不但人非物亦非．荒陂依約認田園，松菊存亡不足論．我自無心更懷土，不妨猶有未招魂．山杏溪桃化棘榛，舞臺歌榭墮灰塵．春來底事堪行處，門外流鶯枉喚人．回思夢裏繁華事，幸及當年樂此身．閑立斜陽看兒戲，憐渠虛作太平人．艱危嘗盡鬢成絲，轉覺讙華[2]不可期． 幾度哀歌仰天問，何如還我未生時．

感 懷

王 若 虛

枉郤全家仰此身，書生那是治生人． 百憂耿耿[1]塡胸臆， 强作[2]歡顏慰老親．

王若虛(1174～1243)：字는 從之，藁城人으로 벼슬이 國史院 編修官．「滹南遺老集」을 남김．

---

1) 遼東鶴：搜神記에 나오는 仙鶴으로 千年만에 故鄕으로 돌아왔다 함．
2) 讙華：讙은 歡과 같으니，환락의 때．

1) 耿耿：걱정하는 모양．
2) 强作：억지로…하다．

白　髮

秦　　畧

臨水時自照，照我鬚與眉．鬚眉何所似，恰似純白絲．從茲一白後，寧有再黑時．譬如花落地，不復還故枝．殷勤語鬚眉，聽我自解詩：幼小癡讀書，旣壯多憂思，自苦有冰蘖，[1] 自潤無膏脂．勞生到今日，汝白將何辭？

悼　亡

秦　　畧

自古生離足感傷，爭敎死別便相忘．荒陂[1]何處墳三尺，老眼他鄉淚數行．多事春風吹夢散，無情寒月照更長．還家恰是新寒節，忍見堂空紙掛牆！

秦畧(1161？～1232？)：字는 簡夫，號는 西溪老人，陵川人으로 詩만을 썼음．「中州集」에 作品이 수록．

---

1) 冰蘖：冰은 찬 것이요，蘖은 檗，곧 쓴 것이니，환경이 寒苦함을 뜻함．

1) 荒陂：황량한 비탈．
2) 紙掛牆：(장례때 쓰던) 종이가 담에 걸려 있음．

癸巳[1]五月三日北渡(三首)

元　好　問

道旁僵臥滿纍囚, 過去旃車[2]似水流. 紅粉哭隨回鶻[3]馬, 爲誰一步一回頭. 隨營木佛[4]賤於柴, 大樂編鐘[5]滿市排. 虜掠幾何君莫問, 大船運載汴京[6]來. 白骨縱橫似亂麻, 幾年桑梓似龍沙.[7] 只知河朔生靈盡, 破屋疏煙卻數家.

元好問(1190～1257) : 字는 裕之, 號는 遺山, 太原秀容人으로 金元代에 으뜸가는 詩人인 바 慷慨悲涼함. 「遺山集」을 남김.

雁門[1]道中書所見

元　好　問

金城[2]留旬浹,[3] 兀兀[4]醉歌舞. 出門覽民風, 慘慘愁肺腑. 去年夏

1) 癸巳 : 哀宗天興 二年(1233)
2) 旃車 : 모전(毛氈)으로 만든 수레니, 元軍이 金朝의 婦女를 사로 잡아 실음을 뜻함.
3) 回鶻 : 唐 때엔 「回紇」이라 칭했음. 여기선 元軍을 가리킴.
4) 木佛 : 寺院의 佛像.
5) 編鐘 : 十六個의 鐘을 한데 매단 樂器.
6) 汴京 : 金의 서울.
7) 桑梓似龍沙 : 桑梓는 故鄕의 代稱, 龍沙는 塞外를 뜻하니 戰亂 끝에 故鄕이 沙漠처럼 荒涼해짐을 말함.

1) 雁門 : 山西의 代縣西北에 있는 山.
2) 金城 : 山西의 應縣.
3) 旬浹 : 十日.
4) 兀兀 : 변치 않는 모양.

秋旱，七月黍稷吐．一昔營幕來，天明但平土．[5] 調度急星火，逋負迫捶楚．[6] 網羅方高縣，樂國果何所？ 食禾有百螣，擇肉非一虎．[7] 呼天天不聞，感諷復何補．單衣者誰子，販糴就南府．[8] 傾身營一飽，豈樂遠服賈．盤盤[9]雁門道，雪澗深以阻．半嶺逢驅車，人牛亦何苦！

松上幽人圖[1]

元 好 問

秋風謖謖松樹枝，仙人骨輕[2]雲一絲，不飮不食玉雪姿，[3] 竹宮[4]月夕頻望祠，竟不下視齋房芝．[5] 人間女手乃得之，眠中擾擾昨暮兒．畫圖獨在羲皇[6]時，予懷渺兮[7]幽林思．

---

5) 平土：平地．軍隊가 와서 짓밟으면 平地化됨을 뜻함．
6) 迫捶楚：종아리를 채찍으로 침．
7) 有百螣，非一虎：백성을 해치는 자 많음을 뜻함．
8) 販糴就南府：판적들이 남방도시로 돌아다님．
9) 盤盤：꼬불한 모양．

1) 松上幽人圖：宋宗婦 曹 夫人 仲婉의 그림．
2) 仙人骨輕：王仲初의 詩「白髮道心熱，黃衣仙骨輕」에서 由來했으니，神仙의 용태를 형용한 것임．
3) 不飮不食玉雪姿：莊子逍遙遊에 그려진 神人．
4) 竹宮：漢때 대로 만든 집이니 甘泉의 祠宮．
5) 齋房芝：漢郊祀歌名．혹은 芝房歌라고도 함．齋는 齊와 같음．
6) 羲皇：陶淵明의 自稱．
7) 予懷渺兮：赤壁賦의「渺渺兮予懷，望美人兮天一方」에서 由來．

路傍草

方　回

野火燎荒原，霜雪日皜皜.[1] 牛羊無可噍,[2] 衆綠就枯槁. 天地心不泯，根芽蟄深杳. 春風一披拂，顏色還媚好. 如何被兵地，黎庶[3]不自保. 高門先破碎，大屋例傾倒. 間或遇茅舍，呻吟遺稚老. 常恐馬蹄響，無罪被擒討. 逃奔深谷中，又懼虎狼咬. 一朝稍甦息，追胥[4]復紛擾. 微言告者誰，勸我宿須早. 人生値艱難，不如路傍草.

種稗歎[1]

方　回

農田插秧秧綠時，稻中有稗農未知. 稻苗欲秀稗先出，拔稗飼牛唯恐遲. 今年浙[2]西田沒水，卻向浙東糴稗子. 一斗稗子價幾何，已値去年三斗米. 天災使然贋勝眞,[3] 焉得世間無稗人.

方回(1227~1306)：字는 萬里，號는 虛谷，徽州歙縣人. 江西詩派의 一祖三宗說을 제창하였고，「桐江集」을 저작한 外로 唐宋近體詩를 選評한「瀛奎律髓」를 엮음.

---

1) 皜皜：하얀 모양.
2) 噍：嚼과 통함.
3) 黎庶：百姓.
4) 追胥：租稅를 재촉함.

1) 稗：피.
2) 浙：浙江의 古稱.
3) 贋勝眞：거짓이 참을 이김.

題牧牛圖

吳　　澄

樹葉醉霜秋草萎，童驅觳觫[1]涉淺溪．一牛先登舐犢[2]背，犢毛濕濕猶未晞．一牛四蹏俱在水，引脰[3]前望喜近堤．一牛兩脚初下水，尻[4]高未擧後兩蹏．前牛已濟伺同隊，回身向後立不移．一牛將濟一未濟，直須並濟同時歸．此牛如人有恩義，人不如牛多有之．人不如牛多有之，笑問二童知不知？

采石渡[1]

吳　　澄

流波萬斛忠臣淚，遺迹千年采石磯．南北於今失天限，江山如昨愴人非．新潮寂寞陰風怒，舊塚荒涼落月輝．一去不來虞雍國，[2] 當時渡馬更秋肥．

吳澄(1249~1331)：字는 幼淸，撫州 崇仁人으로 벼슬이 翰林學士에 이르렀고，「草廬集」을 남겼음．

---

1) 觳觫：두려워하는 모양．여기서는 소의 代稱．
2) 犢：송아지．
3) 脰：목덜미．
4) 尻：등뼈의 끝．

1) 采石渡：安徽 當塗縣西北쪽 牛渚山 아래에서 揚子江으로 돌출한 나룻터．
2) 虞雍國：宋의 虞允文이 金兵을 여기서 격퇴하므로써 雍國公을 封함．

有所思

趙 孟 頫

思與君別來，幾見芙蓉花. 盈盈[1]隔秋水， 若在天一涯. 欲涉不得去，茫茫足煙霧. 汀洲多芳草，何心採蘅杜.[2] 青鳥翙雲間，錦書何時還. 君心雖匪石,[3] 祇恐彫朱顏. 朱顏不可仗,[4] 那能不惆悵！ 何如雙翡翠，飛去蘭苕上.

岳鄂王[1]墓[2]

趙 孟 頫

鄂王墓上草離離，秋日荒涼石獸危. 南渡君臣輕社稷，中原父老望旌旗.[3] 英雄已死嗟何及,[4] 天下中分遂不支. 莫向西湖歌此曲，水光山色不勝悲.

趙孟頫(1254～1322)：字는 子昂，宋의 宗室로 翰林學士를 역임한 名書畵家.「松雪齋集」이 있음.

---

1) 盈盈：맑고 얕은 모양.
2) 蘅杜：香草.
3) 匪石：匪는 非.
4) 仗：의지함. 異本엔「復」으로 적혔음.

1) 岳鄂王：岳飛. 宋寧宗때 鄂王으로 追封됨.
2) 墓：墳. 杭州西湖에 있음.
3) 旌旗：旗.
4) 嗟何及：異本엔 何嗟及으로 적혔음.

長風沙夜泊

揭 傒 斯

長風沙，風沙不斷行人嗟！ 行人嗟，奈君何，南風正高北風起，大船初灣小船喜. 移船更近大船頭，不獨風沙夜可憂，但祝行人好心事，長江何處是安流？ 茅屋參差數株柳，時平尚置官軍守，青裙老嫗詫[1]鮮魚，白髮殘兵賣私酒. 魚賤可買酒可沽，他人心事知何如？

女兒浦[1]歌二首

揭 傒 斯

女兒浦前湖水流，女兒浦前過湖舟，湖中日日多風浪，湖邊人人還白頭. 大孤[2]山前女兒灣，大孤山下浪如山，山前日日風和雨，山下舟船自往還.

揭傒斯(1274～1344)：字는 曼碩，龍興 富州人，翰林國史院 編修로서 遼·金·宋의 歷史를 總修하고 「文安集」을 남김.

---

1) 詫：誇와 같음.

1) 女兒浦：江西 九江東南에 있는 浦口. 그 옆에 大孤山이 있는데，大孤의 孤를 姑로 俗稱한데서 由來.

2) 大孤山：九江東南의 鄱陽湖 속에 있음. 俗稱「大姑山」

自題設色山水贈孟膚徵君

倪　　瓚

秋潮夜落空江渚，晚樹離離[1]含宿雨，伊軋中流間櫓聲，臥聽漁人隔煙語.

題鄭所南蘭[1]

倪　　瓚

秒風蘭蕙化爲茅，南國淒涼氣已消. 只有所南心不改，淚泉和墨寫離騷.

倪瓚(1301～1374)：字는 元鎭，號는 雲林，無錫人. 山水畵에 能하며 詩에 專念타가 中年後에 家產을 親故에게 나누어 주고 扁舟로 살았음.「淸閟閣集」을 남김.

---

1) 離離：축 처진 모양.

1) 鄭所南蘭：所南의 本名은 思肖，墨蘭을 잘 그렸으나，宋이 亡한 뒤，흙이 없는 蘭을 그렸음.

勁草行

王　　冕

中原地古多勁草，節如劍竹花如稻．白露灑葉珠離離，十月霜風吹不倒．萋萋不到王孫門，靑靑不蓋讒佞墳．游根直下土百尺，枯榮暗抱忠臣魂．我問忠臣爲何死，元是漢家不降士．白骨沉埋戰血深，翠光瀲灔腥風起．山南雨晴蝴蝶飛，山北雨冷麒麟悲．寸心搖搖爲誰道，道旁可許愁人知？昨夜東風鳴羯鼓，髑髏起作搖頭舞．寸田尺宅且勿論，金馬銅駝[1]淚如雨！

有感二首

王　　冕

絕國[1]春風少，荒邨夜雨多．可憐新草木，不識舊山河．世事紛紛異，人情轉轉訛．老懷禁不得，悵望一長歌．

對鏡添惆悵，憑誰論古今．山河頻入夢，風雨獨關心．每念蒼生苦，能憐蕩子吟．晚來愁更切，靑草落花深！

王冕(1287～1359)：字는 元章，號는 煮石山農，諸曁人．梅花를 잘 그린 不出世의 詩人으로「儒林外史」가 그를 小說化했음．「竹齋集」을 남김．

---

1) 金馬銅駝：漢 未央宮 앞에 銅馬가 있기로 金馬門이라 불렀음．

1) 絕國：망한 나라．

明·清詩

《明·淸詩》(明詩)

田家夜舂[1]

高 啓

新婦舂糧獨睡遲，夜寒茅屋雨來時．燈前每囑兒休哭，明日行人要早炊．

涼州曲[1]

高 啓

關外垂楊早換秋，行人落日旆悠悠． 隴山[2]高處愁四望，只有黃河入漢流．[3]

高啓(1336~1374)：字는 季迪，號는 靑丘，長洲人．學問에 精博하여 史學을 大成했고 그 詩가 淸麗하여 代表的인 明初 開國詩人임．「大全集」,「鳧藻集」을 남김．

---

1) 夜舂：밤에 방아질함．

1) 涼州：歌曲名．
2) 隴山：陝西省 隴縣西北쪽의 山이름．
3) 漢：漢水(陝西省 寧羌縣에서 發源한 楊子江의 지류)

出　塞[1]

于　謙

健兒馬上吹胡笳,[2] 旌旗五色如雲霞. 紫髯將軍掛金印,[3] 意氣平呑瓦剌家.[4] 瓦剌窮胡眞犬豕, 敢向邊疆撓赤子.[5] 狼貪鼠竊去復來[6] 不解偸生求速死. 將軍出塞整戎行,[7] 十萬戈矛映雪霜. 左將纔看收部落, 前軍又報縛戎王.[8] 羽書捷奏上神州,[9] 喜動天顔寵數優. 不願千金萬戶侯, 凱歌但願早回頭.[10]

于謙(1398~1457) : 字는 廷益, 浙江 錢塘人으로 뛰어난 政治家, 軍事家요 詩人임. 「于肅愍公集」에 詩 614首를 收錄.

---

1) 出塞 : 出關.
2) 胡笳 : 軍中의 樂器로서 胡人들이 갈대 잎새를 말아 만듦.
3) 紫髯將軍 : 孫權(三國時代 吳의 初代皇帝)처럼 威武 있는 將軍을 가리킴.
4) 瓦剌 : 北方邊塞에 있는 고을 이름.
5) 撓赤子 : 선량한 백성을 침노함.
6) 狼貪鼠竊 : 이리나 쥐처럼 재물을 겁탈함.
7) 戎行 : 군대.
8) 前軍 : 先發隊. 戎王 : 敵의 首領.
9) 羽書 : 緊急文書. 神州 : 中國의 별칭.
10) 回頭 : 回軍을 뜻함.

村舍桃花

于 謙

野水縈紆[1]石徑[2]斜, 華門蓬戶[3]兩三家. 短牆不解遮春意, 露出緋[4]桃半樹花.

山 行

于 謙

望極[1]羣峯遠, 行穿一徑幽.[2] 雲從樹杪起, 水澆竹根流. 酒旆[3]搖村舍, 鐘聲出寺樓, 多情林外鳥, 巧語答鳴騶.[4]

---

1) 縈紆 : 구비구비.
2) 石徑 : 자갈길.
3) 華門蓬戶 : 대나 쑥으로 엮은 사리문.
4) 緋 : 붉은.

1) 望極 : 눈을 들어 멀리 봄.
2) 行穿 : 뚫고 가다.
3) 酒旆 : 술집의 간판으로 단 깃발.
4) 騶 : 달리다. 여기서는 말을 가리킴.

寄王元美[1)]

李　攀　龍

薊門[2)]城上月婆娑，玉笛誰爲出塞歌？君自客中聽不得，秋風吹落小黃河.[3)]

錄　別

李　攀　龍

秋風西北來，蕭蕭動百草. 蕩子無家產，悠悠在長道，紅顏能幾時，棄捐一何早.[1)] 對客發素書，零涕復盈抱. 上言故鄕好，下言故人老.

李攀龍(1514～1570)：字는 于鱗，歷城人으로 明代詩人.「古今詩刪」을 남김.

---

1) 王元美：王世貞의 字.
2) 薊門：河北의 薊縣.
3) 小黃河：曲名.

1) 紅顏能幾時，棄捐一何早：젊은 시절이 얼마 가랴，어찌 이리도 일찍 나를 버리고 갔는가？ 一何：어찌.

題赤壁

王 世 貞

越州蘭亭[1]千載奇, 黃州[2]赤壁今半之. 若使舟人不解說, 一拳頑石草迷離.

遙望北邙山[1]

王 世 貞

遙望北邙山, 塚墓鬱相樛. 石獸蹲草間, 妖狐誤來求. 斧斤焉施伐, 原竇[2]各趨疇. 積泯漸成無, 焉能覩其由. 生時籍世贏, 跡徃神不留. 豈若蓬蒿士,[3] 一語爲千秋.

西宮[1]怨

王 世 貞

點點蓮花漏未央,[2] 乍寒如水浸羅裳. 誰憐金井[3]梧桐露, 一夜鴛鴦瓦上霜.

王世貞(1526~1590) : 字는 元美, 號는 鳳洲, 혹은 弇州山人. 太倉人으로 벼슬이 刑部尙書에 이르렀고, 才學이 뛰어난데다 詩文을 잘하여 嘉靖七子에 듬.

---

1) 蘭亭 : 浙江紹興縣에 있음. 晋의 王羲之가 修禊하던 곳.
2) 黃州 : 湖北黃岡縣에 있음. 宋蘇軾이 여기서 놀며 「赤壁賦」를 썼음.

1) 北邙山 : 洛陽의 北쪽에 있는 山으로 漢代以來 墓地였음.
2) 原竇 : 언덕과 구멍이.
3) 蓬蒿士 : 蓬蒿는 쑥. 방랑하는 사람을 뜻함.

1) 西宮 : 天子, 諸侯의 小寢內室.
2) 漏未央 : 漏刻(물시계의 일종)이 다하지 못함.
3) 金井 : 난간에 장식을 더한 우물.

漁 夫

李 夢 陽

應手扁舟去若飛, 回流撒網倏[1]成圍. 金鱗翠鬣[2]心俱切, 得意誰先蕩槳歸.[3]

泰 山

李 夢 陽

俯首無齊魯, 東瞻海似杯. 斗然[1]一峯上, 不信萬山開. 日抱扶桑[2]躍, 天橫碣石[3]來. 君看秦始後, 仍有漢皇臺.

李夢陽(1472~1529) : 字는 獻吉, 號는 空同子, 慶陽人. 何景明과 並稱되는 地位로 詩와 古文에 精工하여 「空同集」을 남김.

---

1) 倏 : 급속하게
2) 金鱗翠鬣 : 햇빛에 반짝이는 비늘과 물빛에 어리어 푸른 지느러미.
3) 蕩槳歸 : 노를 저어돌아옴.

1) 斗然 : 忽然.
2) 扶桑 : 東쪽 바다 해돋는 곳에 있다는 神木.
3) 碣石 : 河北 樂亭縣西南쪽의 山(漢書地理志)

聞築外城

楊　繼　盛

萬里河山俱帝業，如何謀計只神京[1]？備邊自是千年計，塞外誰人築五城[2]？

送徐子與讞獄[1]江南

楊　繼　盛

寥落[2]白雲司半虛，看君此去更何如．西曹月漏幽人榻，南國星隨使者車．塞雁不堪行斷候，秋風況是葉飛初．秣陵[3]故舊如相問，爲道疎狂病未除．

楊繼盛(1516～1555)：：字는 仲芳，號는 椒山，容城人으로 嚴嵩을 탄핵하다가 獄死당함．「楊忠愍集」을 남김．

1) 神京：北京을 가리킴．
2) 五城：唐代에 塞上에다 五城을 쌓았음．

1) 讞獄：再審을 請함．讞：平議也．
2) 寥落：쓸쓸함．
3) 秣陵：지금의 南京市．

桃花庵歌[1)]

唐　　　寅

桃花塢裏桃花庵，桃花庵裏桃花仙，桃花仙人種桃樹，又摘桃花換酒錢．酒醒只在花前坐，酒醉還來花下眠．半醒半醉日復日，花落花開年復年．但愿老死花酒間，不愿鞠躬車馬前．車塵馬足貴者趣，酒盞花枝貧者緣．若將富貴比貧賤，一在平地一在天，若將貧賤比車馬，他得驅馳我得閑．別人笑我忒瘋顚，我笑他人看不穿．不見五陵豪傑墓，無花無酒鋤作田．

題拈花微笑圖[1)]

唐　　　寅

昨夜海棠初着雨，數朶輕盈嬌歌語．佳人曉起出閨房，將來對鏡比紅粧．問郎花好儂顔好？郎道不如花窈窕．佳人見語發嬌嗔，不信死花勝活人．將花揉碎擲郎前，請郎今夜伴花眠．

唐寅(1470～1523)：字는 伯虎，號는 六如居士，蘇州人으로 山水 花鳥 人物에 뛰어난 畵家요，白香山을 모방한 明代詩人.

---

1) 桃花庵：唐寅의 屋號인데 宋代때 章氏가 지은 桃花別莊을 改修하고 佛道에 따라 「庵」이라 칭했음.

1) 題拈花微笑圖：唐寅의 그림 「拈花微笑圖」에 畵題함.

送人遊匡廬

吳 承 恩

問君廬山幾許高？ 靑天一道掛飛濤. 何當作我夫容頂, 接取銀波潤綵毫.

種 藕

吳 承 恩

家人突相語, 節序君知不？ 明日是春分, 今朝好栽藕.

吳承恩(1510？～1580？)：字는 汝忠, 淮安人. 「西遊記」를 쓴 小說家로 詩를 썼으니 그의 「射陽存稿」에 수록.

宴遊爛柯山[1]

徐　　渭

羣兇[2]萬隊一時平，滄海無波瘴嶺淸.[3] 帳下共推擒虎將，江南只數義烏兵.[4]

懷陳將軍同甫

徐　　渭

飛將遠從戎，翩翩氣自雄．椎牛千嶂外，騎象百蠻中．銅柱華封盡，昆池漢鑿空．雁飛眞不到，何處寄秋風．

徐渭(1521～1593)：字는 文長，혹은 天池，號는 靑藤山人，山陰人．天才가 超逸하여 詩·文·書·畵·曲에 능했으며，한 때 胡宗憲의 幕僚로 있었는데，胡가 投獄되자．不安症으로 妻를 殺害．「徐文長集」，「逸稿」등을 남김．

---

1) 爛柯山：浙江 省衢縣에 있음.
2) 羣兇：倭寇.
3) 滄海：東海와 渤海를 통칭함. 瘴嶺：雲南，貴州，福建 등지의 山에서 毒氣가 나는 곳을 말함.
4) 義烏兵：戚繼光將軍이 浙江 義烏 지방에서 訓練시킨 民兵으로 倭寇를 정벌했음.

〈淸 詩〉

過吳江有感

吳 偉 業

落日松陵道, 堤長欲抱城. 塔盤湖勢動, 橋引月痕生. 市靜人逃賦, 江寬客避兵. 廿年交舊散, 把酒歎浮名.

自 歎

吳 偉 業

吳盡儒生是一官, 葉家容易變名難. 松筠[1]敢厭風霜苦, 魚鳥猶思天地寬. 鼓枻有心逃甫里,[2] 推車何事出長干? 旁人休笑陶弘景,[3] 神武[4]當年早挂冠.

吳偉業(1609~1671) : 字는 駿公, 號는 梅村, 江蘇 太倉人. 淸初詩壇을 錢謙益과 함께 代表하는 바, 그 詩風이 復古的임.「梅村集」을 남김.

1) 松筠 : 소나무와 대.
2) 甫里 : 江蘇 吳縣東南에 있는 고을 이름.
3) 陶弘景 : (452~536) 南北朝때 隱居한 詩人으로 陰陽에 能하여 山中宰相으로 불리웠음.
4) 神武 : 後晋 때의 年號.

秦淮雜詩

王 士 禎

潮落秦淮[1]春復秋, 莫愁好作石城[2]遊. 年來愁與春潮滿, 不信湖名尙莫愁.[3]

眞州[1]絶句

王 士 禎

江干[2]多是釣人[3]居, 柳陌菱塘一帶疏,[4] 好是日斜風定後, 半江[5]紅樹賣鱸魚.[6]

灞橋[1]寄內

王 士 禎

太華[2]終南[3]萬里遊, 西來無處不魂銷. 閨中若問金錢卜, 秋風秋雨過灞橋.

王士禎(1634~1711) : 山東 新城人으로 字는 貽上, 號는 阮亭 또는 漁洋山人. 「漁洋詩文集」, 「精華錄」을 쓰는 한편. 神韻說을 제창한 淸代의 代表的 詩人.

---

1) 秦淮 : 南京에 있는 江名.
2) 莫愁 : 六朝 때의 女人. 石城은 南京의 石頭城.
3) 莫愁湖 : 南京水西門밖에 있음.

1) 眞州 : 지금 江蘇儀徵縣.
2) 江干 : 江邊. (江은 揚子江)
3) 釣人居 : 漁夫의 집.
4) 一帶疏 : 부근에 드물다.
5) 半江 : 長江의 반쪽.
6) 鱸魚 : 농어.

1) 灞橋 : 長安 동쪽 灞水에 건 다리. 自古로 여기서 버들가지를 꺾어 餞別했다함.
2) 太華 : 華山의 別稱. 華山은 五嶽의 하나로 陝西 華陰縣에 있음.
3) 終南 : 陝西 남쪽에 있는 山名으로 周南山, 南山이라 불리움.

早　行

李　漁

雞鳴自起束行裝，同伴征人笑我忙. 卻更有人忙過我，蹇蹄先印石橋霜.

五十初度答賀客詩

李　漁

盡日爲農曲水邊，偶因客至罷耘田. 窮愁豈復言初度，衰病空勞祝大年.[1]

李漁(1611～1676)：字는 笠翁，杭州人，清代의 戲曲家.「十二樓」와「十種曲」을 남김.

---

1) 大年：五十壽의 生年을 가리킴.

桐　　江[1]

袁　　枚

桐江春水綠如油，兩岸青山送客舟．明秀漸多奇險少，分明山色近杭州．

謁岳王[1]墓(七首選三)

袁　　枚

一

靈旗風捲陣雲涼，萬里長城一夜霜．天意小朝廷[2]已定，那容公作郭汾陽[3]？

袁枚(1716～1797)：字는 子才，號는 簡齋，錢塘人．일찌 벼슬에서 隱退하여 江寧 小倉山에 살았으며，詩의性靈說을 提倡했음．「小倉山房集」과「隨園詩話」를 남겼음．

1) 桐江：浙江이 桐廬縣境에서 桐溪와 모임．

1) 岳王：岳王은 岳飛．
2) 小朝廷：宋이 金人에게 항복하였기로，「小朝廷」이라 함．
3) 郭汾陽：唐의 名將 郭子儀를 가리킴．郭이 安祿山을 격파하고 서울을 收復하자 汾陽王에 封했음．

二

遠寄金環望九哥,[1] 一朝兵到又回戈. 定知五國城[3]中淚, 更比朱仙鎭[3]上多.

三

一個西湖換兩宮,[1] 靖康[2]小雅唱雍容. 憐他絕代英雄將,[3] 爭不遲生付孝宗[4]?

---

1) 九哥 : 宋高宗의 小名.
2) 五國城 : 吉林 寧古塔에 가까우며, 宋의 徽·欽 두 임금이 여기서 죽음.
3) 朱仙鎭 : 河南開封縣에 있으며, 岳飛가 여기서 金을 大破했음.

1) 兩宮 : 宋의 徽·欽 두 임금.
2) 靖康 : 欽宗年號.
3) 英雄將 : 岳飛를 가리킴.
4) 孝宗 : 高宗의 아들로 北伐을 기도.

漁　家

鄭　燮

賣得鮮魚百二錢，糴糧炊飯放歸船．拔來濕葦燒難着，曬在垂楊古道邊．

山　寺

鄭　燮

山頂何年寺，寒牆補破雲．古鐘雀巢鈕，斷石蘇成文．僧話從教譯，爐香久不焚．迴風吹柿葉，淒響正紛紛．

鄭燮(1693～1765)：字는 克棠，號는 板橋，興化人으로 그의 性品이 灑脫하여 蘭竹을 잘 그렸고，詩 또한 逸出함.「板橋集」을 남김.

舟中三君子詩(三首選一)

俞　　樾

一[1]

路當平處能持重，勢到窮時妙轉移．只惜功多人不見，艱難惟有後人知．

入都門口占

俞　　樾

蓬山[1]回首杳無痕，重對長安酒一尊，兵火餘生隨處好，雲霄故友幾人好．舊巢歷歷猶能記，破甑[2]區區未足論．海島避風聊一至，漫勞屬目魯[3]東門．

俞樾(1821～1906)：字는 蔭甫，號는 曲園，浙江 德淸人으로 淸末의 經學家요 詩人．「春在堂全集」을 남김．

---

1) 이 首는 舵를 읊었음.

1) 蓬山：蓬萊山의 약칭.
2) 破甑：깨진 시루. 東漢 孟敏의 「墮甑不顧」를 참고.
3) 魯：山東省 兗州府지방.

潼　　關[1)]

譚　嗣　同

終古雲高簇此城，秋風吹散馬蹄聲．河流大野猶嫌束，山入潼關不解平．

邠　　州[1)]

譚　嗣　同

棠梨樹下鳥呼風，桃李蹊邊白復紅，一百里間春似海，孤城掩映萬花中．

譚嗣同(1865～1898)：字는 復生，號는 壯飛，湖南瀏陽人．「戊戌六君子」의 한 사람으로 新學을 提倡했고，詩는 豪俠함．

1) 潼關：陝西省 潼關縣 東南에 있음．

1) 邠州：陝西에 있으며，古代豳國의 자리．

鄧尉[1]口號

陳　　衍

光福山[2]前竅具區, 七層四角一浮圖, 泊舟急遽登高望, 不見靈巖[3]只見湖.

答丁叔雅

陳　　衍

畸人丁野鶴, 能訪老迦陵[1]. 春去愁如海, 詩來意似冰. 斜街婪尾[2]藥, 老屋半身藤. 君省繩牀[3]客, 枯眼即是僧.

陳衍(1856~1937) : 字는 石遺, 福建 侯官人으로 清末에 宋詩를 제창한 詩人이자 民國의 學者였던 바 北京大學 文科敎授를 歷任했음. 「石遺室詩話」, 「元詩紀事」, 「近代詩鈔」 등 있음.

---

1) 鄧尉 : 江蘇 蘇州 西南에 있는 山으로 漢의 鄧尉가 여기서 隱居.
2) 光福山 : 蘇州 西쪽에 있으며 光福寺가 있음.
3) 靈岩 : 蘇州 西쪽에 있는 山으로, 그 山頂에서 太湖와 洞庭山이 보임.

1) 迦陵 : 梵語로 극락정토에 있는 새.
2) 婪尾 : 芍藥의 별칭.
3) 繩牀 : 安息香을 비울 때 쓰는 交椅.

住西湖白雲禪院

蘇　曼　殊

白雲深處擁雷峯,[1] 幾樹寒梅帶雪紅. 齋罷垂垂[2]渾入定, 菴前潭影落疎鐘.

佳　人

蘇　曼　殊

佳人名小品, 絕世已無儔. 橫波[1]翻瀉淚, 綠黛[2]目生愁.
舞袖傾東海, 纖腰惑九洲˙ 傳歌如有訴, 餘囀雜箜篌.

蘇曼殊(1884~1918) : 字는 子穀, 號는 曼殊, 廣東 中山人. 日本人으로서 中國에 歸化하여 佛門에 들었고 詩畵에도 能한 淸末의 小說家. 「曼殊全集」을 남김.

---

1) 雷峯 : 塔의 이름.
2) 垂垂 : 축 처진 모양.

1) 橫波 : 곁눈질함.
2) 綠黛 : 푸른 눈썹 먹.

中國詩의 解說

中國詩에는 周代의 四言詩(詩經), 楚의 騷體, 漢魏 이래의 五·七言古詩, 唐宋 이후의 五·七言律詩, 漢代이래의 樂府詩와 淸末 이래의 新詩에 이르기까지 많은 체재가 있다.

이러한 中國詩는 공통적인 몇 가지 특질을 갖고 있다. 定型的인 형식에다 音樂性을 필수로 하고, 내용상 詩境을 중시하는가 하면, 繪畫적이고 함축적인 데다가 그 風格이 儒敎的인 「詩言志」(〈尙書〉 虞書), 「思無邪」(〈論語〉 爲政篇), 「溫柔敦厚」(〈禮記〉 經解篇) 등의 詩敎를 벗어나지 않은 것들이다.

商周以前의 上古詩로 古書에 記載된 것은 葛天氏의 〈八歌〉, 黃帝의 〈雲門〉, 〈大卷〉, 唐堯 때의 〈擊壤歌〉, 〈康衢謠〉, 〈大唐之歌〉와 虞舜 때의 〈卿雲歌〉, 〈八伯家〉, 〈南風歌〉, 그리고 夏代의 詩歌로 〈九歌〉, 〈五子之歌〉등의 원시 시가가 있는데, 그 詩辭가 전해지지 않아 그 전모를 알 수 없으나 그것들이 詩 樂 舞의 종합예술적인 歌辭였고, 또 그 중의 일부분이 周詩의 主調인 四言詩였음은 주의를 끌고 있다.

周代의 詩經은 「行人」이라는 採詩官을 통하여 민간에서 수집되었는데, 司馬遷은 본시 古詩 3천여 편이었던 것을 孔子의 刪改를 거쳐 현재 305편으로 엮었다고 말했다. 商代에서 春秋초에 이르는 이 〈詩經〉은 거의가 黃河 유역에서 일어난 漢族들의 色食 문제인 戀愛, 狩獵, 農作, 祭祀, 戰爭에 관한 내용들이다. 그 體裁는 風, 雅, 頌이고, 그 作法은 賦, 比, 興으로 분석할 수 있는데, 風이 거의 抒情的인 詩라 하면 雅는 抒情과 紀事가 섞였고, 頌은 거의 敍事的인 詩라 할 수 있다. 따라서, 抒情的인 것은 平民의 것이고 敍事的인 것은 거의 士大夫의 작품인 것도 알 수 있다.

春秋 이후 周人의 활동이 長江(揚子江)에 미쳐 楚의 문화가 눈을 뜨자 長江 유역을 중심으로 순수한 남방 문학인 楚辭가 생성되어 북방의 〈詩經〉과 현저한 대조를 이루었다. 비교적 자유롭고 활발한 남방인은 四言의 구속을

받지 않고 비교적 자유스런 句法을 좋아한 나머지 「兮, 些, 只」 등의 語助詞를 붙여 詩歌를 생동하게 발전시켰다. 楚辭의 최초 작품인 〈九歌〉는 楚人의 신앙과 정열을 읊은 가요로서 새로운 길을 열었으며, 그 뒤 屈原을 비롯한 宋玉, 景差, 唐勒 등의 楚辭 특히 屈原의 〈離騷〉, 〈九章〉, 〈天問〉과 宋玉의 〈九辯〉등이 王逸의 〈楚辭章句〉에 실리게 되었다.

이들 작품에 공통된 것은 아름다운 空想과 悲憤한 忠貞 사상이 서로 융합되어 沈痛하면서도 優美한 감정을 저변에 깔고, 해방된 형식을 자유롭게 구사하고 있는 점이다. 漢初에는 高祖(劉邦)의 〈大風歌〉, 武帝(徹)의 〈秋風辭〉 등이 여전히 楚辭의 여풍을 보이고 있고, 웅장한 개국의 기상은 詩의 내용과 형식을 새롭게 하였다.

그 하나는 樂府요, 또 하나는 五言古詩의 완성이다. 武帝가 郊祀의 예의를 정립하고자 樂府를 설립하고 李延年을 協律都尉로 삼아 樂府官署에서 수집케 한 歌辭를 樂府라 하는데, 樂府는 五言體를 중심한 체재로 어느 것은 〈詩經〉의 國風을, 혹은 雅頌을, 또 어느 것은 楚辭의 風格을 각각 답습한 것들이다.

그를 크게 三分하면, 민간에서 채집한 相和歌, 淸商曲, 雜曲 등이 그 하나이고, 외국에서 전래한 鼓吹曲, 橫吹曲 등이 또 하나이며, 士大夫가 創作한 郊廟歌, 燕射歌, 舞曲 등이 다른 하나가 된다. 郭茂倩이 엮은 樂府詩集에 실린 漢代樂府에는 이미 相和歌의 〈陌上桑〉, 雜曲의 〈羽林郞〉, 〈董嬌嬈〉와 같은 새로 創製된 五言이 보였고, 이 밖에도 작자를 말할 수 있는 班固의 〈詠史詩〉, 蔡邕의 〈飮馬長城窟〉, 蔡琰의 〈悲憤詩〉가 모두 성숙한 五言임을 미루어 漢代는 周末의 楚辭를 五言古詩로 演進시킨 중요한 轉機가 되었음을 알 수 있다.

漢末, 魏初는 五言詩가 定型된 시대요, 이로부터 南北朝를 거쳐 隋에 이르는 時代는 五言古詩의 전성기로 볼 수 있다. 漢末 建安 연간의 중국 詩史上 가장 긴 敍事詩 〈孔雀東南飛〉를 비롯한 曹氏父子와 建安七子 등의 詩는 漢末의 혼란된 시대 배경을 寫實的으로 묘사하는 데 성공하였을 뿐 아니라, 悲憤과 同情을 승화시킨 不朽의 五言名作으로 알려져 있다. 그 중에서도 曹植은 詩를 예술적으로 완숙시킨 시인인바 屈原 이래 가장 성공한 시인이다. 魏代의 詩로는 阮籍의 〈詠懷詩〉 82 수가 내놓을 만한 것이며, 魏가 詩史

에 차지하는 史的 의의로는 七言詩의 발단을 들 수 있다. 〈詩經〉이나 〈楚辭〉에서도 七言體를 발견할 수 있지만, 조직된 순수 七言은 曹丕의 〈燕歌行〉에서 처음으로 시도되었으니, 이는 南北朝를 거쳐 唐代에 이르러서야 성숙한 것이다.

西晋에 와서는 3張(張戴, 張華, 張協), 2陸(陸機, 陸雲), 兩潘(潘岳·潘尼), 一左(左思)를 일컫는데 모두 晋武帝 때의 시인들이다. 東晋에 이르러서는 劉琨, 郭璞, 陶潛 등을 대표로 들 수 있으나 그들의 詩 가운데 陶潛의 개성적인 田園詩를 제하고는 阮籍의 詠懷詩의 化身이거나, 아니면 南北朝의 綺麗한 風格으로 줄달음치는 조류를 면치 못하고 있다.

南北朝는 雕章琢句를 能事로 하는 雕蟲的 詩型과 聲律을 능사로 하는 建築的 詩型이 성행한, 예술을 위한 詩作의 시대요, 또한 七言古詩가 倡導되고, 聲律을 배경으로 한 近體詩의 醞釀的 역할을 맡은 시대이기도 하다. 마침 沈約이 四聲八病說을 提唱하여 對偶와 平仄으로 音節의 和諧를 추구하게 된 즈음이라, 그들의 五言詩는 점차 자연의 韻味를 잃기 시작했다. 초기의 謝靈運과 謝朓는 山水를 읊었지만 雕琢을 능사로 삼았고, 후기의 沈約陰鏗, 何遜, 庾信, 薛道衡 등은 聲律에 精工하여 일찌기 杜甫에게도 影響을 준 바 있는 近體詩의 선구자들이다. 한편 鮑照나 蕭衍 등의 詩風은 豪放스럽고 자연스러웠다. 그 중 鮑照는 南朝의 대표적인 시인으로 그의 〈行路難〉 18 수가 七言古詩의 唱導的 의의를 지니게 되었다.

南北朝의 樂府에 있어서는 지방과 민족의 현저하게 다른 배경에 따라 樂府詩의 風格도 달랐다. 北朝人이 五胡異族의 천하로 조잡하고 豪放한가 하면 南朝人은 溫柔하여 그 詩도 綺麗하고 靡弱하다.

隋唐 통일은 詩史上 一大轉機를 이루었다. 옛날 형식이 脫變하여 대성하고 그것이 官路와 士人間에 총아로 등장하는 시기인 것이다. 무엇보다 唐代에는 近體詩의 定立과 樂府의 脫音樂현상이 중요한 변화로 나타났다. 樂府詩가 魏晋 이후 점차 唱을 할 수 없게 되고 새로운 詩歌의 唱이 요청될 때 마침 齊와 梁의 聲律說에 힘입어 近體詩가 完成되었거니와, 清 康熙 때 輯成한 〈全唐詩〉에 의하면 3,300여 명의 詩人과 48,900여 수의 풍부한 詩의 生產量을 내게 된 것은 唐朝가 선비를 詩賦로 등용한 制度의 힘임을 알 수 있다. 많은 詩人·詩作뿐 아니라 각종의 風格, 체재가 모두 성공적으로 시도

된 때란 점에서 과연 「詩則唐」이란 史的 지위를 확보하게 된 것이다.

高棅의 〈唐詩品彙〉에 따라 唐詩를 四分하여 論하면, 唐初에서 玄宗 開元 시대까지를 初唐, 開元에서 代宗 大歷 시대까지를 盛唐, 大歷에서 文宗 太和 시대까지를 中唐, 太和에서 唐末까지를 晩唐이라 한다.

初唐 4傑(王勃, 楊炯, 盧照鄰, 駱賓王)과 沈佺期, 宋之問, 陳子昂, 張九齡 등을 대표로 한 初唐 詩壇은 대체적으로 시풍이 화려하여 齊梁의 綺靡輕豔한 구습을 버리지 못하고 있다. 다만 氣骨과 意象面에서 껍질을 벗었고 형식면에서도 대부분 七言古詩를 썼었다. 그 중 沈佺期와 宋之問은 近體詩를 세우는 공신 노릇을 했거니와, 陳子昂에 이르러서야 처음으로 淸雅하고 冲淡한 詩格을 세워 輕豔한 버릇을 씻는 한편 새로운 경지로 詩風의 방향을 옮긴 것이다.

王維, 李白, 杜甫를 비롯하여 高適과 岑參, 王昌齡, 王之渙 등은 律詩, 七言古詩, 七言絕句에서 각각 盛唐詩를 장식하였다. 佛家의 영향으로 禪味를 띤 王維는 詩 속에 畫境을 넣어 「詩中有畫, 畫中有詩」의 특색을 지니면서 五言古詩와 五言律絕에 능하였다. 道家의 영향을 받아 仙氣를 띤 李白은 儒家의 영향을 받아 詩를 聖域에 끌어올린 杜甫와는 대조적이었다. 李白이 飄逸하여 才氣가 있다면 杜甫는 沈鬱하여 學力이 있고, 李白이 氣를 主로 삼아 自然을 法한다면 杜甫는 意를 主로 삼아 獨創을 法한다 할 수 있다. 그들의 詩型은 서로 달라 李白이 五七言絕과 七言歌行에 신기하다면 杜甫는 五七言律에 신기하여 후대의 모든 시인이 이들을 詩宗으로 삼아 李白을 詩仙, 杜甫를 詩聖이라 推尊했다.

이 밖에 悲壯한 筆力으로 邊塞詩를 쓰던 高·岑은 七言古詩에 가장 능했거니와 王昌齡, 王之渙은 七言絕句에 능하여 모두 중국 詩史上 찬란한 한 때의 기라성이 되었다.

中唐 시인으로는 韓愈를 비롯, 孟郊, 賈島, 李賀와 元稹, 白居易, 張籍, 王建, 劉禹錫 등을 들 수 있는데, 모두가 특성을 지녀 個性이 진열되던 때이다. 五七言古詩에 능하면서 雄厚하고 高古한 韓愈, 寒瘦에 흘러 버린 孟郊와 賈島, 鬼詩로 悽慘하면서도 아름다운 李賀, 풍자적인 社會詩로 村姑까지 읽히던 元稹과 白居易는 일찌기 蘇軾에게서 「元輕白俗」이라고 평가받은 바있지만 寫實的인 白話詩風을 세웠다.

晩唐 시인으로는 李商隱, 溫庭筠, 杜牧, 韓偓, 許渾, 皮日休, 陸龜蒙, 杜荀鶴 등이 있는데, 唯美的이고 頹廢的인 경향으로 돌아감은 거의 共通되고 있으니, 몽롱한 意象을 잘 운용시킨 李商隱의 隱僻과 아름다운 麗句를 생동하게 운용한 溫庭筠의 浮靡, 豔美하고 퇴폐적인 杜牧의 豪奢는 각각 특성을 지니고 있다. 이 밖에 溫과 李를 沿襲하여 宮體를 성공시킨 韓偓과 淺俗한 三羅(羅隱, 羅虬, 羅鄴)와 杜荀鶴을 들 수 있는데 기타 群小 시인들은 거의 中唐詩風을 따르고 있다.

晩唐에 이르러 커다란 變化가 있었다. 古詩와 近體詩가 唱할 수 없는 徒詩로 변하고, 대신 唱할 수 있는 詩歌로 詞가 등장하게 된 것으로, 晩唐과 五代는 詩의 王座를 詞가 잡게 된 것이다.

宋初의 시단은 西崑派의 독점 횡포와 그에 대한 반발로 번졌다. 楊億을 袖領으로 錢惟演, 劉筠 등 17인으로 구성된 西崑體派 시인들은 李商隱을 宗法하여 用典琢字한 나머지 오히려 浮豔한 데 빠졌으나 뒷날 豪邁한 蘇舜欽, 幽淡 清麗한 梅堯臣, 雅健한 歐陽修 등이 西崑體의 公害를 씻음으로써 宋詩는 새로운 국면에 돌입한 것이다. 歐陽修에 힘입어 나타난 蘇軾과 王安石은 각각 개성을 발휘하여 宋代의 2大 시인으로 자리를 굳혀 그 아래 많은 시인이 추종 운집하였다. 豪放하고 秀逸한 蘇軾은 그 문하에 黃庭堅, 張耒, 晁補之, 秦觀 등 이른바 「蘇門四學士」와 陳師道, 李廌 등이 모여 詩壇에 강세를 이루었는데, 그 중 意境이 清新한 黃庭堅과 陳師道, 陳與義 등은 「江西詩派」를 이루어 陶潛과 李白, 杜甫를 모방했다.

南宋에 이르러서는 南宋 4大家라 불리는 尤袤, 楊萬里, 范成大, 陸游 등이 출중했으나 모두 江西詩派에서 나온 시인들이었고, 宋末엔 이른바 永嘉四靈인 徐照, 徐璣, 翁卷, 趙師秀 등이 五律에 능했으나 品格이 좁아 별 성과를 남기지 못했다.

南宋때 북방은 金人의 天下였고, 또 그들이 南下하여 宋을 滅하자 明이 元을 몰아낼 때까지 漢의 문화는 일찌기 없던 위협에 당면했다. 따라서 이 동안에는 詩詞가 쇠침하고 대신 戲曲이 성하게 되었다. 이런 시련은 宋 이후의 古詩, 近體詩, 詞의 작가들을 적막하게 했고, 또 산출된 작품들은 거의 모방적이고 陳腐한 것들이다. 그 중에 내 놓을 수 있는 시인으로는 金末, 元初의 元好問과 元代의 4大家로 불리는 虞集, 楊載, 范梈, 揭傒斯와 趙孟

頎, 楊維楨 정도였으나 어느 한 사람도 元好問을 능가하지 못하였다.

明代의 詩도 文學史에서는 그 주력을 小說과 曲에 빼앗겨 쓸쓸하였다. 盛唐詩를 배우려는 復古의 노력이 있었지만 品格이 낮고 非創造的이어서 볼만한 것이 많지 않다. 明初에는 李白을 배운 高啓와, 杜甫나 韓愈를 공부한 劉基를 명가로 내세울 수 있고 閒雅한 風格으로 太平을 노래하려던 三楊(楊士奇, 楊榮, 楊溥)의 「臺閣體」는 진지하지 못하였다.

明代 중엽에는 前七子 李夢陽, 何景明, 邊貢, 徐禎卿, 康海, 王九思, 王廷相 등으로 明 孝宋 때 사람들)와 後七子 (李攀龍, 王世貞, 謝榛, 宗臣, 梁有譽, 徐中行, 吳國倫 등으로 明 世宗 때 사람들)가 盛唐을 모방했 지만 서툴었고, 이들 前後七子를 배격하고 白居易와 蘇軾을 표방한 公安派의 袁宗道, 袁中道, 袁宏道의 詩(이른바 公安體)는 오히려 俚俗的인 데 빠졌고, 또 이들 公安派를 矯正코자 했던 竟陵派(鍾惺, 譚元春 등)의 詩는 오히려 孤峭한 데 빠져 그들(公安과 竟陵)의 風格이 前後七子와 다른 特性을 가졌었다.

清代는 학문상으로나 창작상 모든 것이 총집성되고 부흥하던 시대다. 詩도 어느 체재를 막론하고 모두 시도되었다. 清初 詩壇은 江左三大家(錢謙益, 吳偉業, 龔鼎孶)에 의하여 古詩와 近體詩가 多產됨으로써 清詩 기풍을 열어두었다. 그 뒤 王士禎이 唐人絕句를 찬미하면서 神韻을 주장하여 한때의 詩宗이 되었으나 沈德潛은 格律을, 翁方綱은 肌理를, 袁枚는 性靈을 주장, 각각 神韻派와 대립하였다. 그리하여 清 중엽 이후의 詩壇은 크게 聲調格律위주의 盛唐 모방파와 神韻을 주장하는 唯心派, 明의 公安 및 竟陵을 이어 詩의 철저한 자유와 性情을 주장한 性靈派로 三分되었다. 이는 또한 學唐과 學宋의 두 조류로도 크게 해석할 수 있다.

그러나 清末에 이르러 다시 江西派를 따르는 무리가 많아져 혼란 현상을 빚었으나 드디어 譯詩의 유행과 때를 같이 하여 黃遵憲의 「我手寫我口」란 신체 자유시의 제창을 계기로 신시 개혁의 기운이 싹텄다. 다시 1917년에는 「語體運動」과 병행하여 語體詩가 나타나게 되었는데, 어체시(혹은 白話詩)는 결코 空前의 출현이 아니었다. 즉, 唐代 元과 白의 白話詩, 寒山과 拾得의 僧詩, 宋代의 朱希眞과 李清照의 詞, 元代의 散曲과 明代의 公安派詩 가운데에서 많은 白話體를 볼 수 있다. 다만 그를 縱의 계승으로 보느냐 혹은

橫의 이식으로 보느냐 하는 것은 아직도 爭論中이다.

이 新詩는 胡適의 〈嘗試集〉 발행에 기초를 두었고, 그 뒤 新月派에 의한 외국 詩思潮의 수입에 따라 새로운 형식, 새로운 사상의 부각에 부심하였다. 1949년 中共에 신정권이 서고, 國府가 타이완(臺灣)에 자유 정부를 옮기기까지 詩壇에는 각종의 스타일과 각종의 주의가 시험되었는데, 그 중 특기할 것은 전통적인 詞曲을 現代化한 胡適, 劉大白 등의 初期白話詩派와 西歐의 낭만주의를 모방한 徐志摩, 朱湘 등의 新月派, 西歐의 唯美派를 모방한 李金髮, 戴望舒 등의 象徵派, 그리고 전투적인 參與詩를 쓴 左傾派로 구분할 수가 있을 것이다.

허세욱

한국외국어대학교 중국어과 졸업
대만국립사범대학 대학원 (문학석사)
대만국립사범대학 대학원 (문학박사)
한국외국어대학교 중국어과 교수 역임

중국역대시선

1판 1쇄 발행 • 1986년 2월 10일
1판 12쇄 발행 • 2019년 8월 25일

편 주 자 • 허 세 욱
발 행 인 • 정 현 걸
발 행 • 신 아 사
인 쇄 • 대명프린팅
출판등록 • 1956년 1월 5일(제9-52호)
주 소 • 서울특별시 은평구 통일로 59길 4 (2F)
전 화 • (02)382-6411 • 팩스(02)382-6401
홈페이지 • www.shinasa.co.kr
이 메 일 • shinasa@daum.net

ISBN 978-89-86964-08-0(93820)

정가 11,000원